DES

QUESTIONS DE PREUVE

EN MATIÈRE

DE REPRISES MATRIMONIALES

THÈSE POUR LE DOCTORAT

PRÉSENTÉE ET SOUTENUE

Le 30 juin 1900, à 8 heures 1/2

PAR

François GOUYON

Président : M. SALEILLES, *professeur*

Suffragants { MM. THALLER, *professeur*
COLIN, *professeur*

PARIS

MARCHAL & BILLARD

Imprimeurs-éditeurs, libraires de la Cour de Cassation

MAISON PRINCIPALE : PLACE DAUPHINE, 27

SUCCURSALE : RUE SOUFFLOT, 7

1900

THÈSE

POUR

LE DOCTORAT

DES

QUESTIONS DE PREUVE

EN MATIÈRE

DE REPRISES MATRIMONIALES

THÈSE POUR LE DOCTORAT

PRÉSENTÉE ET SOUTENUE

Le 30 juin 1900, à 8 heures 1/2

PAR

François GOUYON

Président : M. SALEILLES, *professeur.*

Suffragants { MM. THALLER, *professeur.*
COLIN, *professeur.*

PARIS

MARCHAL & BILLARD

Imprimeurs-éditeurs, libraires de la Cour de Cassation

MAISON PRINCIPALE : PLACE DAUPHINE, 27

SUCCURSALE : RUE SOUFFLOT, 7

1900

A MON PÈRE

A MA MÈRE

DES

QUESTIONS DE PREUVE

EN

MATIÈRE DE REPRISES MATRIMONIALES

INTRODUCTION

Sous la plupart des régimes matrimoniaux, le mari a
en main pour l'entretien du ménage et en vue des dépenses communes un certain patrimoine apporté par la femme
et affecté à cette destination familiale ; or, il peut se faire
que parmi ces biens il s'en trouve certains dont la femme
garde la propriété exclusive et dont les revenus seuls
sont destinés à supporter les charges du ménage. Durant
le mariage, ils restent aux mains du mari, chef de la société
conjugale et pendant tout le cours de l'union ils se trouvent en fait confondus et mêlés dans son patrimoine avec
ses bien personnels.

Mais lorsque le régime matrimonial prend fin, la situation se modifie. L'affectation de la dot ayant cessé, sa
fonction étant terminée, cette dot doit donc rentrer dans
le patrimoine de la femme ; il s'agit donc de savoir quelles

justifications devra faire la femme et quels procédés de preuve elle devra employer pour établir ses droits et détacher de la masse les biens dont elle se prétend propriétaire.

La question est susceptible de se poser sous presque tous les régimes matrimoniaux. Cependant il y en a un qu'il faut mettre hors de cause :

C'est la séparation de biens. Qu'elle soit conventionnelle ou judiciaire, il n'y a pas de dot, il n'y a donc pas unité de possession en ce sens que chacun des époux garde l'administration et la jouissance de son patrimoine; les charges du mariage sont supportées par le mari à qui la femme verse une partie de ses revenus ; mais il n'y a pas de dot au sens technique du mot, puisqu'aucun bien de la femme n'est confié au mari et affecté aux dépenses communes. Donc aucune confusion ne peut se produire, la femme n'a rien à reprendre. Ce régime écarté, voyons comment le problème de la preuve se posera sous le régime dotal.

Ici la femme livre au mari une partie de ses biens; c'est le fond dotal affecté aux besoins de la vie domestique. Le mari l'administre et en jouit de telle sorte que, tant que subsiste le mariage, ce patrimoine se confond en fait avec ses biens personnels parce que ses pouvoirs sont tellement considérables qu'entre ses biens personnels et la dot il n'y a pas de différence et qu'on a d'abord hésité pour savoir quel était le propriétaire du mari ou de la femme. Depuis longtemps la théorie courante est que la femme conserve sur les biens dotaux son droit de propriété. Donc lorsque l'affectation de ce patrimoine aura cessé il devra retourner à la femme et en conséquence il y a lieu de se demander quelles preuves celle-ci devra fournir pour triompher dans son action en restitution.

Le problème se pose encore à peu près dans les mêmes termes sous un régime qui a plus d'un rapport avec la dotalité, il s'agit du régime d'exclusion de communauté. Ici tous les biens de la femme sont affectés à l'entretien du ménage, quant à la jouissance. Le mari en a donc l'administration et la possession.

Il y a enfin un régime, le plus fréquent du reste, le régime de communauté, soit légal, soit conventionnel où la question de preuve se présente d'une façon un peu plus complexe. Jusqu'ici la dot consistait en un patrimoine remis au mari par la femme ; mais les revenus seuls étaient affectés aux fins du mariage ; la propriété restait à la femme. Sous la communauté une idée nouvelle intervient, celle de la collaboration .

Le but qui, sous les deux régimes que nous avons examinés, était atteint par l'idée d'indépendance des patrimoines et d'affectation de biens dotaux est ici réalisé par l'idée de propriété collective et de collaboration. Il y a un patrimoine commun formé par les revenus des biens propres des époux et par les bénéfices, les gains obtenus durant le mariage, patrimoine qui devra être partagé entre les époux lorsque son affectation aura cessé. Le mari comme chef de la communauté a les plus larges pouvoirs sur ce fonds commun tant que dure le mariage. Pour la même raison il a l'administration de tous les biens dont la communauté a la jouissance et sur lesquels porte son usufruit, c'est-à-dire ses biens propres et ceux de la femme ; de telle sorte qu'il a la possession de tous les biens du ménage : il n'y a donc en réalité qu'un patrimoine unique puisque les biens communs et les biens propres sont confondus dans une masse commune aux mains du mari. Tant que subsiste l'union le fait apparent et extérieur, c'est l'unité de possession.

Mais lorsque le mariage prend fin, pour dégager et isoler l'actif commun partageable, il faut reconstituer les trois patrimoines, et la femme et le mari devront, avant tout partage, reprendre leurs biens propres. C'est alors que surgit la question de preuve et sous les régimes de communauté elle se présente non seulement lorsqu'il s'agit de la femme, mais même lorsqu'il s'agit du mari.

Jusqu'ici, sous les divers régimes que nous avons passés en revue, nous avons supposé que les biens dont on veut exercer la reprise se retrouvent en nature dans la main du mari et que les époux agissent en vertu d'un droit de propriété.

Mais il n'en est pas toujours ainsi et il se peut que la propriété n'ait pas été conservée aux époux, qu'elle ait été transmise au mari ou à la communauté par exemple lorsqu'il s'agit de meubles non individualisés, lorsqu'il s'agit de biens qui se consomment par l'usage, de sommes d'argent, de titres au porteur ; il se peut encore que pendant le mariage le mari ou la communauté se soient enrichis aux dépens des fortunes personnelles. Dans tous ces cas, l'époux qui n'a pas conservé la propriété individualisée des biens qui lui appartenaient ne peut plus en exercer la reprise en nature ; mais en revanche il a droit à une reprise en capital, à une reprise en valeur en vertu d'un droit de créance. Or d'après le droit commun, c'est à celui qui invoque un pareil droit à en faire la preuve. Il y aura donc ici encore lieu de se demander quelles justifications devront être apportées par celui qui se prétend créancier d'une reprise en deniers.

Donc, en résumé qu'il s'agisse d'un droit de propriété ou d'un droit de créance, la preuve devra être faite par l'époux qui prétend à la reprise et on se demande alors quelle est la nature de la preuve mise à la charge du demandeur et suivant quel mode elle sera faite.

Tel sera l'objet de cette étude.

Tout d'abord on n'aperçoit pas les difficultés et les intérêts du problème et il semble que toute cette matière devrait tout simplement rester soumise au droit commun et qu'il n'y aurait qu'à s'en remettre aux principes généraux en matière de preuve.

Pour que la question apparaisse dans toute sa complexité il nous faut voir quels sont les intérêts en cause dans le débat qui va s'élever et quelle est la situation des parties à l'égard de la preuve.

Intérêts des époux. — Et tout d'abord nous allons examiner quels sont les intérêts des époux. Voyons en premier lieu ceux du mari : ils n'apparaissent que sous les régimes de communauté et encore faut-il que la femme accepte la communauté. En effet si elle renonçait, le patrimoine commun resterait au mari, celui-ci n'aurait donc pas besoin de retirer ses propres. Il faut donc qu'il y ait acceptation de la part de la femme pour qu'il y ait lieu à isoler la masse partageable et par conséquent pour que le mari ait intérêt à reprendre ses propres qui sans

celà seraient compris dans l'actif commun. Ceci posé il
est à remarquer que le mari ne court pas de gros risques.
D'abord à défaut de preuve de son droit, les biens qu'il
prétend propres seraient partagés ; il lui en reviendrait
toujours la moitié. De plus durant le mariage il est toujours
à même de se ménager un moyen de preuve; s'il a oublié,
rien de plus juste qu'il supporte la peine de sa négligence.

La situation de la femme est toute différente.

Elle pourra exercer ses reprises soit qu'elle accepte,
soit qu'elle renonce à la communauté. C'est même surtout
dans ce second cas que son intérêt est considérable. En
effet si elle accepte la communauté c'est sans doute que
celle-ci a fait de bonnes affaires et alors il lui reviendrait
toujours la moitié de cet actif ; de plus à défaut de preuve
elle reprendrait toujours la moitié de ses propres à titre
de biens communs. Au contraire si elle renonce c'est
que le mari est en déconfiture, que l'actif social est insuffisant pour le paiement des dettes de communauté; elle
n'a donc pas à compter sur ce patrimoine : la seule
garantie qui lui reste en vue de son veuvage ce sont ses
propres, c'est-à-dire les biens qu'elle s'est réservée précisément en vue de parer à ce danger.

De même sous le régime d'exclusion de communauté
et sous le régime dotal la femme ne participe pas aux
gains du ménage : elle n'a donc à compter pour le cas
de dissolution de mariage que sur ses biens personnels
ou sur sa dot; c'est sa seule ressource. Aussi la loi,
grâce à l'hypothèque qu'elle lui accorde, à l'inaliénabilité
du fonds dotal, a-t-elle pris soin d'entourer de nombreuses
garanties la restitution de la dot et la reprise des propres.

La question de preuve présente donc pour la femme une importance capitale, considérable, car qu'importeraient les droits qu'on lui réserve si elle ne peut les établir ? Les questions de preuve ordinairement dominent les questions de droit, mais elles les dominent forcément ici parce que la femme ne pourra pas toujours se ménager les moyens de preuve soit par délicatesse à l'égard du mari, soit par ignorance. Lorsqu'il s'agit d'immeubles l'habitude d'en établir l'acquisition par titres en facilitera la reprise : en fait, cette preuve ne souffre pas de difficultés. Mais pour les meubles cette preuve sera extrêmement complexe et elle aura besoin d'être constituée spécialement en vue des reprises. Or la femme est livrée à la discrétion et à la merci du mari qui a le maniement des affaires du ménage ; si donc le mari a négligé de lui préparer une preuve la femme sera presque dans l'impossibilité d'établir le montant de ce qui lui revient. Et en effet comment pourrait-elle faire la preuve de la qualité de propre en ce qui touche le mobilier ? Il lui faudrait en établir l'origine ; or à l'égard des meubles ou n'a pas en général de titres d'acquisition. Il semble à juste titre qu'il ne faut pas abandonner la femme à l'application des principes généraux en matière de preuve et que sa situation particulière nécessite certaines dérogations en sa faveur.

Intérêts des créanciers. — Mais d'autre part il y a lieu de ne pas faciliter outre mesure ces moyens de preuve parce qu'à côté de l'intérêt de la femme, si légitime qu'il soit, il y a en conflit, l'intérêt des tiers et dans bien des cas le mari loin de s'opposer aux prétentions de sa femme lui facilitera les moyens de preuve.

Il y a en effet une catégorie de créanciers qui ont intérêt à ce que les époux et en particulier la femme ne grossissent pas le chiffre de leurs reprises et par suite à exiger d'eux une preuve très sûre de leurs droits. Ce sont tous ceux qui comptent sur l'actif commun et qui ont à redouter que les époux ne retirent trop facilement des biens qu'ils prétendraient propres et qui échapperaient ainsi à leur droit de poursuite.

Si les reprises avaient lieu en capital en vertu d'un droit de créance, ce seraient tous les créanciers qui ont à subir sur l'actif commun le concours de l'un des époux pour la valeur des reprises auxquelles il prétendrait avoir droit.

Ces créanciers, ce sont donc les créanciers de la communauté, mais surtout ceux qui le sont devenus du chef du mari : ils se trouveront en opposition d'intérêts avec la femme.

En effet le conflit s'engagera rarement entre le mari et les créanciers communs du chef de la femme. Celle-ci ne pouvant pendant le mariage engager la communauté, les seuls créanciers qui auraient intérêt à s'opposer aux reprises du mari et qui pourraient redouter une entente frauduleuse des époux pour faciliter les moyens de preuve seraient les créanciers de la femme antérieurs au mariage dont la créance est tombée en communauté. Encore est-il à remarquer qu'il faut supposer que la reprise a lieu au moment où prend fin la communauté ; si les créanciers agissaient au cours du mariage, ils n'auraient rien à redouter puisque le mari est à ce moment tenu sur ses biens propres non seulement des dettes communes de son

chef, mais aussi de celles qui proviennent de la femme.
Même lorsque la communauté prend fin, comme il s'agit
de dettes communes, les créanciers pourraient toujours
poursuivre leur paiement entre les mains du mari pour
la moitié. Ainsi dans aucune hypothèse le propre du
mari n'échapperait complètement aux poursuites des créanciers communs du chef de la femme; la fraude n'est donc
guère à craindre. De même si la reprise avait lieu en valeur les créanciers devraient sans doute subir le concours
du mari, mais celui-ci n'aurait aucun droit de préférence,
il se présenterait comme un simple créancier chirographaire et encore ici serait-il personnellement tenu de la
moitié de la dette.

En réalité la seule hypothèse pratique est celle où la
femme est en conflit avec les créanciers de la communauté du chef du mari, ou avec les créanciers du mari.
Lorsqu'ils ont contracté, ils ont compté avoir pour gage
et garantie de leur créance toute la masse de biens aux
mains du mari. Ils ont par suite intérêt à invoquer la
présomption de propriété qui résulte en faveur de la communauté ou du mari du fait de la possession et ils ont à
craindre de la part des époux des combinaisons frauduleuses en vue de faciliter la preuve des reprises de la
femme et d'enlever ainsi une partie de leur gage à leur
droit de poursuite.

Un conflit entre cette catégorie de créanciers et la
femme peut se présenter non seulement à la liquidation
entre époux, mais aussi pendant la communauté; par
exemple un créancier du mari veut saisir un bien du patrimoine commun et alors la femme prétend qu'il s'agit là

d'un propre et elle veut s'opposer au droit de saisie.

Il y a une hypothèse plus fréquente encore : il peut se faire qu'il s'agisse pour la femme de l'exercice de son hypothèque légale. Par exemple un créancier hypothécaire du mari veut fait saisir un immeuble de celui-ci ; la femme demande à faire valoir ses droits qu'elle tient de son hypothèque légale ; mais pour se présenter à l'ordre il faut qu'elle établisse le montant de ses apports. La protection due à ces créanciers hypothécaires veut qu'on exige de la femme une preuve bien certaine de la valeur de ses reprises.

Enfin il y a une autre catégorie de tiers qui ont à craindre une trop grande facilité quant à la preuve : ce sont les tiers acquéreurs d'immeubles du mari ou de la communauté, dans le cas où la femme n'a pas renoncé à son hypothèque. C'est qu'en pareille hypothèse, si le mari est devenu insolvable, la femme pourra grâce à une hypothèque légale déposséder le tiers acquéreur et faire saisir l'immeuble grevé de son hypothèque.

En résumé deux intérêts se trouveront en conflit lorsqu'il s'agira de la preuve des reprises. D'une part celui des époux et surtout de la femme en faveur de laquelle il paraît juste d'autoriser une preuve large et facile ; d'autre part l'intérêt tout aussi légitime des tiers, c'est-à-dire des créanciers, dans le conflit qui s'élèvera entre eux et l'époux, intérêt qui exige en cette matière l'emploi d'un mode de preuve sûr et non suspect. Il s'agira par conséquent de savoir comment la loi les concilie et quelles dérogations elle autorise ou impose dans ce but.

Intérêt législatif. — Enfin la question que nous étu-

dions a une importance législative considérable en ce
sens que ce sont ces difficultés de preuve qui s'opposent
ou plutôt paraissent s'opposer à l'adoption de la communauté d'acquêts comme régime de droit commun. Depuis
longtemps, en effet, on a été frappé des conséquences
iniques qui résultaient de la mise en communauté des
meubles présents et à venir sous notre régime légal. On
a été choqué de ce qu'il y avait d'aléatoire au point de
vue des profits réciproques dans la distinction faite entre
les meubles et immeubles. Il en résulte pour les époux des
inégalités dues uniquement au hasard ; ces risques sont
encore accrus aujourd'hui avec l'extension considérable
qu'a prise la fortune mobilière.

Aussi d'excellents esprits ont-ils songé à substituer à
notre régime légal actuel, à la communauté de meubles
et acquêts, le régime de la communauté réduite aux
acquêts dans lequel les meubles présents et à venir sont
exclus de la communauté.

C'est que ce régime paraît bien être l'idéal des régimes
fondés sur cette conception que l'union des personnes ne
va pas sans une certaine union de biens ; il laisse aux
époux leurs biens personnels sans distinction ni réserve ;
seuls les produits de la collaboration et de l'association
conjugale sont communs ; le patrimoine de communauté
se réduit à ce qui est acquis au cours du mariage par
l'industrie et le travail des époux. Cette conception du
régime des biens semble tellement en harmonie avec la
conception du mariage, qu'on peut dire que la communauté
d'acquêt est en fait le régime de droit commun pour tous
ceux qui font un contrat. Aussi semble-t-il raisonnable

de supposer qu'en l'absence de cet acte c'est à ce régime que les époux ont entendu soumettre leurs patrimoines et d'en faire le régime légal.

C'est là une réforme qui constituerait un progrè considérable en faveur de la protection des intérêts des gens pauvres qui entrent dans le mariage sans passer de contrat. Il en résulterait surtout le plus sérieux avantage au profit de la femme qui ne se trouverait plus ainsi exposée aux risques et aux aléas d'une imprudente gestion du mari et dont les biens présents et à venir échapperaient au désastre financier de la communauté.

L'amendement de notre législation est d'autant plus à désirer que nul n'ignore que le régime légal est celui de la masse innombrable des ménages pauvres, des classes ouvrières et agricoles, c'est-à-dire de la majorité des Français (1). Cette réforme très simple et très équitable semble donc d'une nécessité urgente et on ne voit pas quelles difficultés pratiques elle pourrait soulever.

Cependant voici l'objection qui a été formulée et qu'on n'a pas manqué de dresser comme un obstacle insurmontable :

Sous la communauté d'acquêts comme sous le régime légal actuel les patrimoines, tant que subsiste l'union, ne forment qu'une masse unique aux mains du mari et à la

1. Voici quels sont les chiffres donnés par M. Ingelbrecht dans un article paru dans la *Revue politique et parlementaire* le 10 février 1900, *le féminisme et la femme témoin* : à Paris sur 22000 mariages annuels, 3600 sont précédés de la rédaction d'un contrat de mariage ; en France sur 269.332 unions (statistique moyenne) 85.791 seulement sont dans ce cas.

dissolution de la communauté il faut séparer ce qui revient en propre à chaque époux. Or c'est précisément, a-t-on dit, la distinction des trois patrimoines qui fait de la communauté d'acquêts comme régime légal une institution extrêmement peu pratique.

C'est que, en l'absence de contrat de mariage, il n'y a aucun moyen de distinguer les meubles propres aux époux, ni même d'en calculer la valeur. Pour en établir la consistance, il faudrait dresser un inventaire, avoir des titres. Mais alors autant vaudrait appeler le notaire et faire rédiger un contrat. Il est donc peu pratique d'adopter comme régime légal un régime qui nécessite la confection préalable d'un acte. Ce serait en contradiction avec l'esprit et le but de la loi qui est d'établir le régime de biens des gens pauvres en suppléant à l'absence du contrat.

Il s'agit donc de savoir ce que vaut cette objection et si vraiment la difficulté de la preuve est un obstacle sérieux à l'adoption de la communauté d'acquêts comme régime légal.

Tel est le nouvel aspect de la question de preuve en matière de reprises que nous aurons à examiner.

Voici comment nous diviserons cette étude : dans une première partie, nous ferons l'historique de la matière ; nous examinerons comment la question s'est posée et a été résolue en droit romain et dans notre ancien droit.

Puis dans une seconde partie, qui sera la plus importante, nous étudierons le système établi par le code en distinguant suivant qu'il s'agit de reprises immobilières ou mobilières.

Enfin au point de vue législatif nous traiterons de la question de savoir si les difficultés de preuve s'opposent à l'admission de la communauté d'acquêts comme régime légal.

Une dernière partie, comprendra l'étude de quelques législations étrangères en ce qui touche la preuve des reprises.

CHAPITRE I

Droit romain.

Durant la période lointaine et reculée du droit romain primitif, sous le système de la *manus*, nous ne voyons pas se poser le problème de la preuve en matière de restitution de dot pour la raison bien simple que la *manus* faisait acquérir au mari par voie d'absorption et d'une manière définitive la propriété du patrimoine de la femme.

Il en fut de même avec le mariage sans *manus*, à ses débuts tout au moins : la dot était acquise au mari en pleine propriété, sans restriction et sans promesse de restitution.

Mais cet état de choses ne fut pas de longue durée et on vit s'introduire sous ce rapport de nombreux changements attribués avec raison à la fréquence des divorces. Il arrivait en effet qu'après la séparation des époux, le mari conservait la propriété de la dot et la femme ainsi privée de son patrimoine se trouvait sans ressources pour contracter une nouvelle union. Cette solution était contraire à l'humanité et à la justice ; elle était aussi en opposition avec les intérêts bien entendus de l'Etat. Néanmoins on n'aperçut point là tout d'abord un enrichissement injuste et sans cause de la part du mari ; les idées de bonne foi et d'équité n'étaient pas encore venues assouplir la rigueur et la rigidité du droit primitif.

Les femmes se protégèrent elles-mêmes par le jeu et la pratique des règles juridiques ordinaires et la réforme commença par une phase contractuelle durant laquelle les femmes pour astreindre le mari à la restitution exigèrent de lui, lors de la constitution de la dot, une obligation contractuelle par voie de stipulation, ce fut la *cautio rei uxoriæ*. Ce contrat verbal déterminait l'objet et les conditions d'ouverture de l'action : en général la stipulation visait le seul cas du divorce.

Ainsi le mari, au moment où il recevait la dot, contractait l'obligation de la rendre. En conséquence, la femme pouvait agir en restitution soit par la *condictio*, soit par l'action *ex stipulatu*.

Mais alors, lorsque la femme poursuivait en justice l'exécution de la promesse, la question de preuve se présente. Quelles justifications devra faire la femme ? A-t-elle à prouver la remise de la dot au mari et la consistance de bien dotaux ?

La réponse est ici très simple : la femme sera tenue de prouver l'engagement verbal du mari, ce qui peut se faire comme pour tous les autres contrats par des écrits, des *instrumenta*, des *chirographa*, ou encore par témoins, par l'aveu de l'adversaire, par le serment et même par simples présomptions. Et cette preuve sera suffisante.

C'est qu'en matière de stipulation l'action est de droit strict; du moment que les formes verbales sont réalisées, l'obligation est valable ; peu importe le fait juridique antérieur sur lequel elle repose, peu importe que le mari ait ou non reçu la dot. La femme n'a pas établir la cause lointaine de l'obligation ; elle n'a qu'à prouver la promesse elle-même, la volonté immédiate de s'engager. La stipulation est en effet un contrat abstrait, valable indépendamment de sa cause, ou, pour mieux dire, c'est un contrat dont la cause réside dans la volonté de s'obliger : c'est donc cette volonté seule qu'il faut prouver, c'est-à-dire l'engagement verbal. Quant à la preuve de la consistance des biens dotaux, elle résultait elle aussi de la promesse de restitution puisque celle-ci avait pour objet et déterminait soit un corps certain, soit sa valeur estimative, soit une somme d'argent. Cette justification se trouvait dans les termes mêmes de la stipulation.

Ce droit rigoureux fut probablement adouci dans une certaine mesure par le préteur : il dut en effet d'assez bonne heure accorder au mari l'exception de dol pour le cas où il prétendrait n'avoir pas reçu la dot ; mais dans ce cas c'était au mari qu'il n'avait rien touché, et non à la femme, à établir qu'elle avait remis la dot.

Telles étaient donc les solutions admises dans la première période du droit romain en matière de preuve de la consistance et du versement de la dot ; elles continuèrent à être acceptées dans le développement postérieur toutes les fois que la restitution de la dot était fondée sur un engagement verbal du mari.

Mais bientôt la coutume pour des raisons de justice et d'humanité vint suppléer le contrat et l'on vit s'introduire grâce au préteur l'action *rei uxoriæ* pour permettre à la femme de demander au mari la restitution de ses biens dotaux en l'absence de toute promesse. Il est probable que cette action eut à ses débuts un caractère pénal, au moins au cas de divorce.

Mais l'idée de la peine disparut de bonne heure et cette action nous apparaît comme une pure sanction de l'équité et de la justice : si le mari ne garde plus sa femme, il doit rendre la dot qui est pour la femme son fonds matrimonial destiné à lui faire trouver un mari. Ainsi désormais dans tous les cas la dot est sujette à restitution, donc il faut se demander dans quelles conditions de preuve s'ouvrira l'action de la femme, la question se pose surtout ici. C'est qu'au cas de contrat verbal le problème se résolvait en vertu de cette idée qu'un engagement abstrait a été pris par le mari et qu'on doit s'en tenir aux termes du contrat. Mais au cas d'action *rei uxoriæ* il s'agit d'action d'origine prétorienne, de bonne foi, fondée sur l'idée d'enrichissement sans cause. Pour qu'elle soit ouverte au profit de la femme il faut donc qu'il y ait enrichissement du mari : la femme qui émet cette prétention devra donc en faire la preuve et il ne suffira qu'elle prouve qu'il y a eu constitution de dot, elle devra prouver que le mari a reçu et détient injustement le patrimoine affecté aux charges du mariage dont la fonction est terminée.

Donc que ce soit le père qui veuille intenter l'action *rei uxoriæ,* que ce soit la femme, il fallait faire la preuve du versement de la dot au mari et alors deux hypothèses se présentent qui doivent être distinguées :

1° Lorsque c'est le constituant lui-même qui veut mettre en œuvre son action il lui faut d'abord établir la promesse, la constitution de dot. Cette preuve se fait ordinairement par la représentation de l'instrument dotal.

Mais cela est tout à fait insuffisant et comme nous l'avons déjà vu il y a une deuxième preuve à établir, celle de la réception par le mari des biens constitués en dot. C'est ce qu'exprime la loi I, titre 15 du Code lorsqu'elle dit : « *Dotem numeratio, non scriptura dotalis instrumenti facit : et ideo non ignoras ita demum ad petitionem dotis admitti te posse si dotem a te re ipsa datam probatura est* (1).

Cette preuve résultera le plus souvent elle aussi de la production de l'instrument dotal qui outre la constitution de dot contiendra la constatation du paiement et la quittance du mari. A défaut de toute justification, le constituant ne peut exiger qu'une chose : c'est que le mari le libère de son obligation.

2° Arrivons maintenant au deuxième cas, celui où la femme agit en restitution d'une dot constituée par un tiers. Dans cette hypothèse, pour résoudre la question de preuve il nous faut voir en quelle qualité le constituant s'est engagé.

Sans doute, il arrivera qu'en général ce tiers sera un donateur, un bienfaiteur de la femme, ordinairement son

---

1. Voir aussi L. 41 § 4 *De Jure dot.* Dig. L. 30 § 15 *Soluto matrimonio.* Dig. L. 52. *Soluto matrimonio.* Dig.

père ou l'un de ses parents. Dans ce cas la dot est promise *ex voluntate* : par suite de leur bon vouloir et en vue de faire une libéralité.

Mais le tiers peut être aussi un personnage qui s'engage sans aucune intention libérale, qui s'oblige non *ex voluntate, sed ex necessitate :* ce sera par exemple un débiteur de la femme, du tiers donateur qui sur leur ordre, par délégation, prendra un engagement vis-à-vis du mari.

Telles sont les deux hypothèses.

On comprend que suivant qu'il s'agit de l'une ou de l'autre le système de preuve soit différent. La femme devait bien en principe établir que le mari avait reçu les biens dotaux. Mais à cette règle une grosse exception avait été apportée par la loi 33 Dig. XXIII, 3, de Jure dotium, loi extrêmement importante sur laquelle nous nous arrêterons, car elle est la source directe de l'art. 1569 de notre Code civil. Cette loi décidait que dans le cas où le mari n'avait pas pris sur lui l'insolvabilité du constituant si le mariage prenait fin et que le constituant soit devenu insolvable sans que la dot eût été versée, il en était encore créancier et se libérait à l'égard de la femme en lui restituant son action ; mais si on pouvait lui imputer à négligence de n'avoir pas exigé la dot du constituant, il en était tenu comme s'il l'avait reçue et par conséquent la femme n'avait pas à faire dans ce cas la preuve du paiement de la dot. La preuve de la constitution était nécessaire et suffisante.

Toutefois l'inaction du mari n'entraînait pas pour lui dans tous les cas ce traitement rigoureux : c'est ici précisément que la loi 33 établissait une distinction suivant le titre et la qualité du constituant qui s'était engagé à fournir la dot.

Si c'était par nécessité, *ex necessitate*, que le débiteur s'était laissé déléguer par la femme ou par un tiers, on imputera au mari de ne pas l'avoir poursuivi pendant qu'il était solvable. Dans ce cas il était coupable d'avoir négligé les poursuites ; car il n'avait aucun ménagement à garder vis-à-vis d'un pareil constituant. Si donc celui-ci est devenu insolvable à la dissolution du mariage, cette insolvabilité retombera sur le mari qui devra restituer à la femme non pas son action, mais la dot, comme s'il l'avait reçue.

Au contraire le constituant était-il un donateur qui s'était engagé par l'effet de sa libre volonté soit dans l'intérêt de la femme, soit dans l'intérêt collectif des époux, le mari était excusable de n'avoir pas poursuivi rigoureusement ce donateur, qui, du reste, en vertu d'un rescrit d'Antonin le Pieux aurait joui du bénéfice de compétence.

Une controverse s'était cependant élevée à Rome lorsqu'il s'agissait de l'ascendant de la femme. Etait-il engagé de sa libre volonté ou par nécessité ? C'est qu'en effet la loi *Julia de maritandis ordinibus* avait obligé les pères et autres ascendants paternels à doter leurs filles ou petites filles et on pouvait parfaitement soutenir qu'un pareil engagement avait pris naissance *ex necessitate et non ex voluntate* et par conséquent que dans tous les cas où le mari négligerait de poursuivre le paiement de la dot, si l'ascendant était devenu insolvable à la fin du mariage, il serait responsable de ce risque et tenu de restituer sans qu'il ait jamais reçu. Tel était le sentiment de Julien.

Mais cette doctrine, nous dit Ulpien, ne triompha pas et lui-même réfute cette rigoureuse application des principes. « La femme, dit-il, devra courir les risques, car quel est le juge qui écouterait d'une oreille favorable une femme venant se plaindre de ce que son mari n'a pas forcé au paiement son père qui a promis une dot de son propre bien ? A plus forte raison quand on lui reprocherait de ne pas l'avoir actionné elle-même » (1).

Telle est, en résumé, l'économie de la loi 33. Mais il faut bien remarquer que les règles qu'elle édicte sont applicables seulement si au moment de la restitution le constituant est devenu insolvable ; sinon le mari dans tous les cas se libèrera en restituant l'action qu'il a contre lui.

Ainsi à l'époque classique, le demandeur en restitution doit en principe toujours faire la preuve qu'une dot a été constituée ; mais cela ne suffit pas il faut qu'il démontre pour que son action réussisse que la dot a été remise au mari. Mais cette preuve est inutile suivant la loi 33 lorsque la dot a été constituée *ex necessitate* par un tiers devenu insolvable au moment de la restitution, le mari coupable de n'avoir pas poursuivi le paiement sera tenu de rendre la dot qu'il n'a pas reçue.

La matière de la restitution de la dot fut complètement refondue par Justinien. Ce fut l'objet d'une longue constitution rendue au 530 (L. unic. ux. act. 5, 13). Justinien abolit l'action *rei uxoriæ* et décida qu'on sous-entendrait toujours une stipulation de restitution au profit de la femme et qu'il y aurait donc partant une action *ex stipulatu*

---

1. Pellat: *Textes sur la dot.* Loi du 23 r.dto. de uJ

Mais cette action n'est pas l'action de droit strict de l'é-
poque classique.

C'est une action hybride dans laquelle on a amalgamé
les règles de l'action *ex stipulatu* et celles de l'action *rei
uxoriæ*.

Quant à la preuve de la numération, il pourrait sem-
bler que d'après les principes de l'action *ex stipulatu* la
femme en fut dispensée. Ce serait une erreur. La plupart
des caractères essentiels de l'action *ex stipulatu* avaient
en effet disparu, parmi eux celui de droit strict. Elle est
devenue une action de bonne foi. En conséquence la femme doit toujours faire la preuve de la numération de la
dot, excepté bien entendu dans l'hypothèse prévue par la
loi 33.

Mais Justinien alla beaucoup plus loin en appliquant en
cette matière les principes d'une institution spéciale la
querela non numeratæ pecuniæ. On connaît le but de
cette théorie. Il arrivait souvent que le *mutuum* était ac-
compagné d'un contrat verbal, d'une promesse de restitution de la part de l'emprunteur, ou encore que celui-ci
signait un billet, une reconnaissance par laquelle il re-
connaissait avoir reçu les deniers. Or dans bien des cas la
promesse intervenait ou le billet était écrit et remis au
prêteur avant que le prêt ne se fût réalisé ; par exemple
au cas d'ouverture de crédit.

Bien que le paiement n'eût pas eu lieu, l'emprunteur
n'en était pas moins lié par sa promese ou sa reconnaissance ; il était tenu à restitution. Sans doute il pouvait
grâce à la *condictio sine causa* ou à l'exception de dol
obtenir son absolution : seulement il ne triomphait qu'en

prouvant le défaut de cause de l'obligation, le défaut de numération des deniers. L'institution de la *querela non numerata pecuniæ* qui date de Caracalla vint renverser les rôles. Il suffit désormais au débiteur de dénier le fait du paiement pour forcer le créancier à établir par des preuves indépendantes le versement intégral de la somme prêtée.

Or les maris avaient pris l'habitude de reconnaître dans l'*instrumentum dotale* la réception de la dot avant tout paiement de la part du constituant et c'est par cet acte que les femmes établissaient leurs justifications, et elles triomphaient même si la numération n'avait pas eu lieu puisque l'instrument dotal contenait une reconnaissance du mari. Justinien dans la constitution qui est devenue la loi *de dote cauta non numerata* L. 5. t. 4 étendit à cette hypothèse l'exception *non numerata pecuniæ*.

« Dans tous les cas, dit cette loi, où l'instrument dotal contient la reconnaissance que la dot a été versée, et que ensuite il n'y ait eu aucun paiement, mais seulement des réclamations de la part du mari, il est permis au mari d'opposer à la femme ou à ses héritiers l'exception *non numaratæ pecuniæ*, soit au cas de prédécès de la femme soit au cas de divorce. Cette exception peut être opposée dans l'année qui suit la mort du mari ou de la femme ou encore le divorce des époux ».

Le résultat de cette extension fut d'intervertir les rôles en matière de preuve. Désormais il suffit au mari de dénier le fait de la numération des deniers qu'il avait pourtant reconnue dans l'instrument dotal pour que le demandeur, la femme, fut obligé de prouver le paiement.

Ce droit fut encore modifié par la novelle 100 qui
apporta des changements au délai accordé pour opposer l'exception *non numeratæ dotis.* Si le mariage
n'avait pas duré deux ans le mari pouvait opposer
l'exception pendant une année seulement. Dans le cas
où le mariage avait duré plus de deux ans, mais moins
de dix le mari n'avait que trois mois à partir de la
dissolution pour proposer l'exception. Enfin si le mariage
avait duré plus de dix ans, le mari qui avait laissé
passer tout ce temps sans se faire payer et sans protester contre les énonciations inexactes de l'*instrumentum dotale* ne pouvait plus faire valoir l'exception.

Ainsi, qu'on le remarque bien, la novelle 100 s'appliquait seulement au cas où le mari veut opposer l'exception *non numeratæ dotis* et détruire sa reconnaissance
contenue dans l'*instrumentum*; le délai de dix ans qui
prive le mari de ce moyen ne court que lorsque la femme
présente comme preuve à l'appui de sa prétention la
mention de la numération de la dot contenue au contrat.

Nous avons insisté sur le sens précis de ce texte parce
que nous verrons, dans l'ancien droit français, le Parlement de Paris et un certain nombre d'auteurs édifier
une théorie de la preuve en matière de restitution de dot
sur une interprétation inexacte de cette novelle 100.

CHAPITRE II

Ancien droit.

Pays de droit écrit.

Après la chute de l'Empire et les invasions, les coutumes confuses de la France méridionale restèrent imprégnées de droit romain et malgré l'altération que fit subir à ce droit l'alliage des éléments germaniques, en matière de contrat de mariage, c'est encore le système de la dotalité romaine qui l'emporte.

Mais les idées nouvelles de concours des époux et de communauté d'intérêts vinrent se mêler aux traditions romaines. Il nous faut arriver au 12e siècle, au moment de la renaissance du droit romain pour voir reparaître avec la législation de Justinien le régime dotal dans toute sa pureté.

En ce qui concerne la dot, et en particulier les preuves à fournir au moment de la restitution, c'est dans les Pandectes et les Novelles que nos anciens auteurs allèrent puiser leurs inspirations.

Le principe était toujours que la femme devait justifier que son mari avait reçu la dot, sinon elle n'avait d'action que contre ceux qui l'avaient constituée (1).

1. Lebrun *Traité de la communauté* n° 40 p. 338. Bourjon, *Du droit commun* t. 2 p. 473. Maynard. *Notables et singulières questions de droit écrit jugées au Parlement de Toulouse,* tome 2, p. 746.

Mais à cette règle l'ancien droit vint apporter une exception dont le germe se trouvait dans le code de Justinien, loi 33 *de jure dotium*. Nous allons d'abord l'examiner.

On se souvient que la loi 33 *de jure dotium* mettait l'insolvabilité du débiteur *ex necessitate* survenue au moment de la restitution de la dot à la charge du mari et que par conséquent la femme pouvait exercer son action en restitution sans avoir à justifier d'aucun versement ; il s'agissait d'une question de risque à courir et la loi romaine en chargeait le mari coupable de négligence.

Cette disposition de la loi romaine fut reprise et étendue par le Parlement de Toulouse qui y apporta les extensions suivantes :

D'abord le mari devint responsable de la dot qu'il n'a pas reçue même au cas où le constituant est un donateur, même au cas où il s'agit du père de la femme. En ce qui concerne ces constituants, la loi romaine au contraire soumettait la femme aux règles ordinaires de la preuve.

En second lieu le mari est responsable de la dot lorsque le mariage a duré dix ans après le terme auquel devait se faire le paiement et non comme à Rome quelle que fût la durée de l'union. C'était là un délai préfix.

Enfin la règle s'applique même au cas où le constituant n'est pas insolvable, même au cas où la cession de l'action à la femme lui assurerait le paiement de sa dot.

On voit par ce résumé quel avait été le développement donné à la règle romaine. La loi 33 s'appliquait

dans une seule hypothèse que l'on pouvait considérer
comme exceptionnelle. Au contraire la doctrine sortie de
cette loi prend, en ce qui concerne les constitutions de dot
faites par des tiers, les proportions d'une règle générale ;
la dot sera toujours due à la femme sans que celle-ci ait
aucune preuve à fournir lorsque le mariage aura duré
dix ans depuis le terme de paiement, à moins toutefois que
le mari ne justifie de diligences suffisantes pour obtenir
le paiement.

On trouve dans Domat quelques idées qui permettent
de voir comment se fit cette extension (1). Il part du principe romain que le mari n'est coupable et par conséquent
responsable que si le débiteur s'est engagé *ex necessitate* ;
si le constituant est le père ou un donateur on ne peut
reprocher au mari son inaction et par suite, il ne doit pas

1. Domat. *Lois civiles.* p. 115.

« Quoique le mari soit obligé de faire les diligences contre les débi-
teurs de la dot, et que s'il néglige d'agir lorsque l'action lui est ouverte, il soit tenu de ce qui se trouvera perdu par sa négligence, si
néanmoins le débiteur de la dot était le père ou un donateur, on ne
doit pas exiger du mari les mêmes diligences qu'il devrait exercer
contre un étranger. Mais il est juste d'y apporter les tempéraments
que les circonstances peuvent demander.

On a cru devoir apporter à cette règle le tempérament qu'on y a
mis dans cet article. Car notre usage n'est pas en cela aussi indulgent
pour le mari que le paraît la loi 33 f. f. de Jur. dot. Et si d'une part
il serait trop dur qu'un mari fût obligé d'exercer contre un beau-
père, ou contre un donateur, toutes les contraintes les plus violen-
tes, il ne serait pas juste aussi qu'il fût déchargé de toute sorte de
diligence ; de sorte qu'il faut un tempérament qui règle sa conduite
selon les circonstances. »

la dot. Mais la coutume et la jurisprudence ne tardèrent pas à y apporter des changements ; il parut injuste de décharger le mari de toute sorte de diligences ; ce fut d'abord une question d'espèce et de fait qui variait suivant les circonstances.

Plus tard on créa le délai préfix de dix ans qui courait du jour de l'exigibilité de la dot.

Sous quelles influences et pour quelles raisons le Parlement de Toulouse fut-il amené à donner ce développement à la loi romaine ? Ni les arrêts, ni les auteurs n'en parlent.

On ne peut donc que se livrer à des conjectures. Sous l'influence du droit germanique et des idées chrétiennes la dot avait pris une importance considérable et sa fonction s'était élargie (1). Elle constituait un fonds permanent servant de garantie à l'indépendance et à la dignité de la nouvelle famille. Telle était la destination de la dot. Mais pour atteindre ses fins, il ne suffit pas qu'elle soit constituée, il faut aussi qu'elle soit remise aux mains du mari qui la fera fructifier ; le point important c'est que le mari en ait la jouissance et que les revenus soient affectés aux charges du ménage.

Le mari est donc coupable s'il néglige de poursuivre le paiement de la dot car toute la famille souffrira de son inaction. Il l'est encore même si la dot provient de la libéralité d'un donateur, d'un père : les époux ont compté sur ce patrimoine garantie de leur union. Or s'il dépend

1. Voir pour cette question un article de M. Sincholle. *Revue critique*, 1864, p. 135, *Fausse présomption*.

du mari de ne pas poursuivre le paiement de la dot et de priver le ménage du bien être qu'elle procurerait tant que subsiste le mariage, l'inertie du mari ne peut aller jusqu'à priver la femme de sa dot si à la dissolution du mariage le constituant est insolvable, jusqu'à mettre à sa charge les frais et les ennuis d'une action en justice si le constituant est solvable. La loi établit donc ainsi une garantie nouvelle de restitution à la série de sûretés accordées à la femme dotale. En cela du reste le Parlement de Toulouse ne faisait que continuer une évolution déjà commencée à Rome et il restait fidèle à la conception et à l'esprit de la loi 33 *de jure dotium*.

C'est qu'en effet la loi 33 prévoyait le cas où le mari n'avait pas été payé ; il s'agissait d'un constituant qui n'avait pas versé la dot et qui était devenu insolvable et la loi déclarait que c'était parce que le mari est en faute de n'avoir pas poursuivi le débiteur *ex necessitate* qu'il n'avait nullement à ménager et qu'il eût été injuste de faire supporter à la femme son insolvabilité survenue pendant la période où le mari avait négligé d'agir. De même le Parlement de Toulouse et avec lui tous les auteurs tels que Catelan, Boucher d'Argis (1), loin de présumer que le paiement a été fait disent que la disposition a pour but de garantir à la femme la dot que le mari par sa négligence pouvait lui faire perdre. « Les dix ans passés sans faire poursuite, dit Catelan, ne font pas une présomption ou une manière de paiement ».

1. Arrêts de Catelan, t. II, liv. II, chap. 46. — Boucher d'Argis sur Argou, t. II, chap. VIII.

Furgole nous dit également à propos d'un arrêt de
1731 que la femme demanderesse « soutenait que suivant la jurisprudence du Parlement de Toulouse, le mari
qui néglige pendant dix ans de se faire payer la dot en
devient responsable par sa négligence (1). »

Ainsi c'est encore sur l'idée de faute et d'inaction coupable du mari que le Parlement de Toulouse fonde l'ob-
bligation pour l'époux de restituer la dot qu'il n'a pas
reçue sans que la femme ait aucune justification à fournir
autre que celle de la constitution dotale.

Cette règle était limitée par l'idée même de culpabilité
sur laquelle elle reposait. C'est ainsi que lorsque la femme
s'était dotée elle-même, elle ne pouvait reprocher au
mari sa bienveillance et sa longanimité : dans tous les
cas la dot ne lui était due que si elle en prouvait le versement au mari (2). Cette solution est parfaitement en
harmonie avec l'idée qui avait inspiré la loi 33. Telle était
la jurisprudence du Parlement de Toulouse.

Elle distinguait très nettement de la question que nous
venons d'étudier une hypothèse très différente, celle qui

1. Furgole. *Quest. remarq. sur la matière des donations*, t. II,
puest. 48, n° 26, p. 452.

2. Boucher d'Argis sur Argou, t. II, ch. VIII, p. 83. « L'auteur
établit en cet endroit indéfiniment qu'après dix ans du jour du mariage le mari n'a plus d'action pour demander la dot de sa femme ;
pour autoriser sa décision il cite Louet et Brodeau qui rapportent
des arrêts qui l'ont ainsi jugé tant en faveur de la femme que de ses
parents qui ont constitué la dot: mais c'est une erreur grossière qui
est solidement refutée par l'auteur des additions sur les arrêts de
Bardet. Liv. 9, ch. 2. »

se présentait lorsque le contrat contenait une quittance du mari et que celui-ci opposait à cette mention « l'exception d'argent non compté » que Justinien avait réglementée dans la novelle 100.

L'objet de cette novelle était simplement de déterminer le délai pendant lequel le mari pouvait opposer l'exception *non numeratæ pecuniæ* qui mettait la preuve de la numération de la dot à la charge de la femme.

Or ce fut par cette novelle, à la suite d'une erreur d'interprétation, que le Parlement de Paris qui avait à s'occuper de droit romain pour quelques-unes des provinces de son ressort, prétendit expliquer les solutions admises en matière de preuve.

Voici quelle fut son erreur. Entraîné par quelques interprètes, ils crut que l'objet de la novelle 100 était de limiter à dix années le laps de temps qui libérerait à l'égard du mari toutes les personnes qui avaient promis une dot; le mari était réputé avoir reçu cette dot, il était donc tenu de la restituer à la fin du mariage. C'était là une confusion et une méprise.

Ce fut sur cette interprétation inexacte que le Parlement de Paris établit toute sa jurisprudence, en croyant appliquer les règles du Parlement de Toulouse.

En partant de là il décida qu'après un délai de dix ans le mari serait déchu du droit d'exercer son action en paiement et que le constituant pourrait opposer à cette prétention la prescription décennale fondée sur la présomption que la dot avait été payée au mari.

Si l'on avait été logique, cette erreur aurait même conduit à décider que la restitution de la dot était due à la femme, si elle se l'était elle-même constituée, et si le délai de dix ans à partir de son exigibilité s'était écoulé. Certains auteurs allèrent jusque-là, Louet, Brodeau ; il y eut même certains arrêts rendus en ce sens (1).

Mais cette conséquence extrême fut repoussée par le Parlement de Paris et par presque toute la doctrine : on admettait donc que la femme qui s'était constituée sa dot ne pouvait après dix ans de mariage depuis que le terme de paiement était échu en demander la restitution sans faire la preuve de la numération au mari.

Malgré cette réserve cette jurisprudence n'était pas en harmonie avec les nécessités pratiques, en ce sens que le mari étant réputé avoir reçu la dot constituée par un tiers était tenu de la restituer lorsque les dix ans s'étaient écoulés sans pouvoir en poursuivre le paiement au cas où il n'avait rien reçu.

Cette décision souleva les plus vives protestations de la part des praticiens et des auteurs ; un des plus graves reproches que l'on faisait à cette jurisprudence c'est qu'elle favorisait les avantages indirects entre époux pendant le mariage. Aussi « il a été délibéré dans la bibliothèque des avocats en l'année 1712, où étaient messieurs les gens du roy, que l'action de la dot durait 30 ans et non 10 ans. Il fut convenu que la première fois que cette question se présenterait, Messieurs les gens du roy travailleraient à en bien établir la jurisprudence. C'était l'avis de M. le Procureur général présent à la dissertation » (2). C'est ce qui fut fait et le Parlement revint sur

1. Voir note 2 p. 31.
2. Brillon. *Dot.* 73.

ses premières décisions ainsi que cela nous est rapporté par Denisart (1). Ce revirement de jurisprudence est encore attesté par Rousseau de Lacombe dans ses notes sur Louet et Brodeau (2).

En abandonnant l'idée de présomption de paiement et de prescription décennale, le Parlement de Paris se ralliait entièrement à l'idée de faute et de négligence admise dans les provinces de droit écrit. C'était revenir aux véritables traditions (3).

Tous les auteurs ne comprirent pas cette conséquence du changement qui s'était opéré dans le Parlement de Paris et certains conservèrent en cette matière l'idée de présomption de paiement. Mais ils n'en dégageaient aucune conséquence et malgré ce fondement juridique, ils adoptaient pleinement les solutions du Parlement de Toulouse :

C'est ainsi qu'ils n'admettaient pas cette présomption lorsque la femme avait constitué la dot.

De plus le constituant était tenu pendant 30 ans, seule la femme ou ses héritiers pouvaient invoquer cette présomption.

En somme ces auteurs persévéraient dans l'erreur de principe du Parlement de Paris, mais en réalité sur le terrain des résultats tout le monde était d'accord et les nécessités pratiques avaient fait triompher les décisions des pays de droit écrit.

1. Denisart. *Dot.* n° 20 et 21.

2. *Nouvelles remarques de Rousseau de Lacombe sur Louet et Brodeau*, sommaire XIX, p. 478.

3. Voir pour toute cette matière une note de M. Labbé. S. 75.2.201.

Nous avons vu comment et dans quels cas la femme, lorsque la dot était constituée par un tiers, devait faire sa preuve.

Il nous reste à examiner l'hypothèse où elle s'est elle-même dotée. On sait que l'exception de la loi 33 *de jure dotium* n'était jamais applicable ici et que la femme devait toujours justifier du versement de la dot du mari. Cette preuve se faisait ordinairement par une quittance. « La femme ne peut pas demander à son mari la dot qui lui a été constituée, lorsqu'elle ne fait pas apparaître par quittance qu'elle lui a été payée » (1).

Quelle était la force probante de cette quittance ?

D'abord entre les époux. On se souvient en effet que Justinien par la novelle 100 avait décidé que suivant la la durée du mariage, le mari avait un délai plus ou moins long pour protester contre le témoignage de l'instrument dotal, en opposant l'exception *non numeratæ dotis*

Cette exception avait passé dans notre ancien droit qui repoussant les distinctions de la novelle 100 permettait au mari de l'invoquer en tout temps.

Il y avait cependant un cas où l'exception n'était plus recevable : c'était lorsque la quittance avait été passée devant le notaire et qu'elle contenait mention de la numération des deniers.

On avait fini par admettre que, même sous seing privé, la quittance faisait foi d'une façon absolue vis-à-vis du mari, s'il était dit que la dot avait été versée. « Bien que les quittances qui portent ladite réelle numération ne soient pas passées pardevant notaires, mais soient de main pri-

1. Espeisses. T. 1. n° 85. p. 535.

vée, néanmoins elles sont valables pour le regard de la femme contre les héritiers du mari » (1).

En était-il de même vis-à-vis des créanciers du mari ?

Non. Suivant l'article 130 de l'ordonnance de 1629 toute quittance de dot en principe devait être passée devant notaire et devait contenir mention de la numération des deniers à peine de nullité à l'égard des créanciers. Mais la pratique était moins rigoureuse. Voici quelle était sur ce point la jurisprudence :

Si la constitution de dot était générale on maintenait d'une façon absolue les exigences de l'ordonnance de 1629, acte authentique et réelle numération (2).

La constitution de dot était-elle particulière, la reconnaissance du mari même sous signature privée était suffisante pour que la femme pût reprendre sa dot à l'encontre des créanciers postérieurs au mariage, parce que, disait-on, ils n'ont qu'à consulter le contrat de mariage pour savoir jusqu'à quelle somme la femme aura une hypothèque antérieure à la leur (3).

En mettant à part cette dernière hypothèse, l'idée qui se dégage de l'ancien droit est que la quittance est insuffisante à établir la preuve du versement de la dot. Il faut qu'elle contienne mention de la numération et au regard des tiers qui ont à craindre quelque combinaison frauduleuse des époux, on exigeait encore que ce paiement fût constaté par le notaire rédacteur de l'acte.

1. Espeisses, n° 85.
2. Merlin, *Rep. Dot* § 3, p. 28.
3. Salviat. *Jurisprudence du Parlement de Bordeaux*, p. 219.

CHAPITRE III

Pays de Coutume.

§ 1. — La formation du régime de communauté et la preuve des propres.

Tandis que le régime dotal s'implantait dans les pays du midi, du concours de quelques institutions d'origine germanique et de certains éléments coutumiers était sorti, dans les pays du Nord, un régime matrimonial tout différent, un régime d'association et de collaboration, la communauté.

Il n'entre pas dans le cadre de cette étude de rechercher les origines de cette institution. Néanmoins il nous faut dire un mot d'une controverse actuelle touchant à la question de preuve et à l'influence qu'elle aurait exercée sur la formation de la communauté. D'après certains auteurs, en effet, parmi les facteurs qui ont contribué à déterminer les divers caractères de la communauté française coutumière, il faudrait comprendre un élément d'ordre pratique et positif, ce serait la confusion inévitable des meubles pendant la vie commune et par suite, l'impossibilité pour les époux de fournir en l'absence de contrat, la preuve de leurs droits sur ces objets.

Voici en effet comment la controverse s'est élevée. Il

n'est pas douteux que le premier germe de la communauté vient des institutions germaniques qui attribuaient à la femme un gain de survie, une part dans les acquisitions faites pendant le mariage, ordinairement le tiers (1). C'est ce droit aux produits de la collaboration, cette participation au tiers qui joua un rôle tout à fait important dans l'évolution du droit matrimonial. Du jour où le droit de la femme sur les conquêts ne fut plus un gain de survie, mais où il s'ouvrit et se réalisa dès le commencement du mariage, la communauté était formée.

Voilà l'élément qui a conduit au partage des produits de la collaboration, des conquêts.

Mais il y a autre chose dans notre communauté coutumière du moyen-âge, il y a aussi la mise en commun des meubles (2).

Comment concevoir cela? L'idée de participation de la femme aux acquisitions faites pendant le mariage n'impose nullement une société des meubles. L'idée fondamentale de la communauté, ce n'est pas la mise en commun des meubles, l'idée essentielle sans laquelle il n'y aurait pas de communauté, c'est le partage des produits du travail et de l'industrie des époux; celà est nécessaire et suffisant. La communauté est par essence un régime d'association pour la collaboration des époux pendant le mariage dont l'esprit n'implique nullement une mise en commun des biens personnels des époux. Celà

1. Loi ripuaire, titre 37, *de dotibus mulierum*. — Capitulaire de Louis-le-Débonnaire de 821.

2. Beaumanoir, *Coutumes de Beauvoisis*, XIV, 29.

est si vrai que nous voyons de nos jours une tendance à restreindre la communauté aux acquêts et c'est pourquoi, dans les pays d'Allemagne, la communauté de meubles et conquêts ne s'est pas développée : on a seulement connu la communauté d'acquêts, la communauté universelle et un régime assez semblable à notre clause d'éxclusion de communauté, la communauté d'administration.

Comment donc expliquer historiquement cette mise en commun des meubles dans notre communauté coutumière ?

Pour certains auteurs, la véritable raison positive et pratique proviendrait d'une difficulté de preuve. C'est que la communauté existait de plein droit, sans contrat ni accord préalable : dans ces conditions a-t-on dit la société des meubles s'imposait, elle était la seule pratique puisqu'on ne rédige pas de contrat. Les patrimoines sont en effet confondus sous la main du mari ; si les époux avaient conservé leurs meubles comment auraient-ils à la dissolution du mariage distingué leur lot propre de l'actif mobilier commun ? En matière de meubles l'unité de patrimoine est le fait apparent et visible, et on est dans l'impossibilité d'isoler les fortunes mobilières en dehors de la rédaction d'un état ou d'un inventaire, formalité coûteuse et compliquée qu'on ne peut imposer à ceux qui se marient sans contrat. Donc la mise en commun des meubles résulte de la confusion forcée.

Pour les immeubles au contraire, dit-on, les difficultés de preuve ne se présentent pas. Il est toujours facile de distinguer les immeubles propres de ceux qui appartiennent à la communauté parce que les immeubles ont toujours des titres d'acquisition qui font preuve de la date d'entrée dans le patrimoine. Or la distinction des immeubles propres et communs n'est qu'une question de date. En outre l'héritage conserve toujours certains caractères impérissables, tels que la fixité, l'immobilité, la perpétuité qui permettent à toute époque de le reconnaître sans difficulté. On s'explique dont facilement que ces biens en raison de leur nature aient été mis en dehors de la communauté.

Tel serait donc le rôle qu'aurait joué dans la formation de notre régime coutumier la question de preuve en matière de reprises matrimoniales.

Que faut-il penser de cette explication ? Il est à remarquer tout d'abord que rien ne s'opposait au moment où s'est constitué la communauté à ce que les époux justifient leurs droits sur les meubles au moyen de la preuve testimoniale.

Si aujourd'hui la nécessité d'un acte écrit s'impose c'est parce qu'au dessus de 150 francs la preuve par témoins n'est plus permise. Mais cette règle n'existait pas encore et la preuve testimoniale était admise sans distinction ni restriction, elle était même considérée comme le procédé le plus moins suspect et le plus sûr (1). Rien ne s'opposait donc à son emploi en matière de reprises de meubles.

Il y a une seconde observation à faire. C'est que la vie commune pendant que dure le mariage, en dehors de toute question de régime, en dehors de tout droit de jouissance

---

1. Il en fut ainsi jusqu'au 16ᵉ siècle. Cet état de choses ne fut changé qu'à la suite de deux ordonnances : la première de 1566, dite de Moulins, la seconde de 1667.

du mari entraîne toujours une confusion de fait du mobilier des époux et si on admet que la difficulté de preuve entraîne forcément une mise en commun du mobilier, comment se fait-il qu'à Rome, sous le régime dotal, il ne se soit pas formé une société des meubles paraphernaux et des meubles du mari ?

Il y a plus. L'élément principal qui a donné naissance à notre communauté se retrouvait en Allemagne, la participation de la femme au tiers de la collaboration. La communauté naquit, là aussi, de cette institution germanique. Mais bientôt le droit romain vint en changer l'orientation en repoussant l'idée de communauté de propriété et sous son influence, on admit, en Allemagne, l'idée de séparation de biens et il se constitua le régime de communauté d'administration, d'après lequel chacun des époux garde la propriété de ses biens, mais ils forment une masse unique aux mains du mari usufruitier et administrateur des deux patrimoines. La confusion des meubles n'entraîne donc pas forcément leur mise en commun puisqu'à la dissolution du mariage la femme peut reprendre ses biens. Dans certains Etats de l'Allemagne, ce fut la communauté d'acquêts qui l'emporta comme régime de droit commun et elle a pu se développer comme telle, malgré la prétendue impossibilité pratique de distinguer les patrimoines propres.

En outre cette idée de confusion forcée va à l'encontre d'un principe juridique. C'est que cette communauté de meubles est une société ; or une société ne peut résulter que d'un accord exprès ou tacite des parties.

En matière de communauté légale la règle est donc qu'il

faut s'attacher à l'intention présumée des parties : or on va directement à l'encontre de ce principe si on fait résulter cette communauté de meubles d'une confusion de fait indépendante de toute volonté des époux. Il en résulterait ainsi au profit de l'un d'eux un bénéfice, un avantage dû uniquement à un fait de hasard sans que la moindre idée de justice ou de raison le justifie ou l'explique.

Toutes ces raisons nous font repousser en cette matière l'idée de confusion inévitable du mobilier.

Il nous faut donc chercher la véritable explication de cette mise en commun des meubles. Nous passerons très vite sur les autres motifs qui ont été invoqués. D'après certains auteurs, la raison serait d'un ordre tout différent : ce serait l'influence de l'idée chrétienne qui domine toute la théorie du mariage en tant qu'union des personnes : *et erunt duo in carne una.* Les époux en s'associant dans leur personne s'associaient leurs biens : ç'eut été là communauté universelle sans la *terra aviatica* (1).

Sans méconnaître l'influence de l'esprit chrétien dans la formation et le développement de la communauté nous ne croyons pas qu'il explique suffisamment la mise en commun des effets mobiliers.

Et d'abord dans les sociétés rurales et roturières si fréquentes au moyen-âge le mobilier formait une masse commune et pourtant ici on ne peut dire que la conception chrétienne du mariage donnerait l'explication de ce

---

1. Telle est l'opinion de *M. Lefebvre*, cours de 1897-1898 sur *le mariage et le droit des gens mariés dans l'histoire du droit français.*

fait absolument analogue à ce qui se produisait sous la communauté conjugale coutumière.

Nous croyons qu'il y a une autre explication plus simple et plus pratique, c'est l'explication courante tirée du peu d'importance de la fortune mobilière.

On considérait en effet les meubles communs comme ne formant qu'une minime partie du patrimoine des individus et comme dépourvus de valeur, *mobilium vilis possessio.*

Sous l'influence de ce fait social et économique, on a pensé que le silence des parties, au cas de ces communautés tacites du moyen-âge, supposait naturellement l'intention de confondre tous les meubles dans une seule masse et de les séparer par un partage égal lorsque prendrait fin la vie commune. C'est sans doute à l'imitation de ces compagnies que se serait développé le régime de communauté et il semble même que cette société de meubles a été, non pas le développement du droit de la femme sur les conquêts, mais plutôt son précédent, et que l'on a commencé par le partage des meubles avant d'arriver à celui des produits de la collaboration. Les compagnies tacites entre gens vivant en commun avaient pris naissance de bonne heure et étaient très répandues. Or, puisque le mariage fait naître une association, une union des plus étroites ne devait-on pas en conclure que là aussi, là surtout, il fallait admettre la mise en communauté des meubles ? Cette explication fondée sur la « présomption et conjecture de volonté » (1) des époux et sur le peu d'importance

1. Coquille. *Inst. au droit français. Traité des communautés et sociétés.*

des valeurs mobilières (1) se trouve fortifiée par cette règle coutumière d'après laquelle, lorsqu'un mineur se mariait *de suo*, c'est-à-dire sans être doté par ses parents, s'il avait plus du tiers de ses biens en mobilier, ce qui dépassait le tiers était de droit propre (2). Cet usage venait de ce qu'on supposait que ce mineur n'avait pas eu l'intention de se dépouiller en mettant toute sa fortune, qui consistait en meubles, dans la masse commune. C'est donc bien qu'en toute cette matière on s'attachait surtout à la volonté tacite des parties et à la valeur de la fortune mobilière.

§ 2. — La preuve et l'évolution du régime de communauté.

1° *Reprises mobilières.*

Après le XIIIe siècle la pureté de la communauté primitive s'altéra pour des raisons pratiques et sous l'influence du droit romain.

La conception primitive trop idéale rencontrait en effet des obstacles dans les mœurs et on prit bientôt l'habi-

---

1. Renusson. *Traité des propres.* p. 266, chap. 6, sect. 1.

« Le droit de la France coutumière n'attribue la qualité de propres qu'aux immeubles et choses réputées immeubles.

Les meubles n'ont point cette qualité de propre ; on ne les a pas considérés de même ; ils n'ont pas la même stabilité, ils ne se maintiennent pas dans la famille, ils se perdent, ils se transfèrent facilement ; *mobilium vilis et objecta possessio* ».

2. Jousset. *Revue critique*, 1864, page 67. — Pothier, *Traité de la communauté*, n° 103.

tude d'en modifier les règles par des clauses antérieures au mariage.

Pour éviter les iniquités et les conséquences injustes résultant de l'entrée en communauté de fortunes mobilières inégales, les époux mirent souvent hors du patrimoine commun, par une clause dite *de réalisation* une quotité ou la totalité de leur patrimoine mobilier. Ces biens étaient des propres imparfaits, c'est-à-dire qu'ils devenaient la propriété de la communauté et que les époux n'avaient droit à la dissolution qu'à une valeur en argent au lieu d'avoir droit à des objets particuliers, à leurs meubles réservés propres (1)

Ce n'est pas tout. Il arrivait encore que cette qualité de propre pouvait être attribuée à une chose mobilière quand elle était donnée à charge et condition qu'elle resterait au donataire et serait exclue de la communauté, car, disait-on, une personne qui fait une libéralité a le droit d'imposer telle condition que bon lui semble. Ici encore les meubles propres étaient imparfaits.

De telle sorte que dans notre ancien droit, si on admet la notion de meubles réservés propres, on n'admet pas celle d'une propriété actuelle des époux sur ces biens. Ils ne représentaient qu'une propriété actuelle portant sur une valeur incluse dans la communauté, propriété virtuelle qui se traduisait par un droit de créance. En d'autres termes la reprise avait toujours lieu en deniers. Nous n'aurons donc pas dans l'étude de la preuve à établir une distinction suivant que les reprises auraient lieu en na-

---

1. Pothier. *Traité de la Communauté*, n° 325.

ture ou en valeur à la dissolution de la communauté. Nous n'aurons qu'à rechercher comment les époux faisaient la preuve de leur droit de créance contre la communauté et comment ils en établissaient le montant.

Cependant il y a une hypothèse très intéressante où la question de preuve paraît s'élever non pas à propos d'une reprise en nature à proprement parler, mais à propos d'une propriété individualisée sur des objets mobiliers déterminés. C'est au cas de clause de séparation de dettes. Il importe d'en parler, car cette clause a été règlementée par le Code civil et la jurisprudence, suivie de certains auteurs, s'appuie précisément sur les textes qui s'y rapportent et sur les traditions historiques pour édifier toute une théorie dans la controverse qui s'élève dans le droit actuel quant aux reprises mobilières en nature.

Il faut donc l'étudier avec soin et voir si elle se relie et se rattache d'une façon quelconque à la question de preuve.

Cette clause de séparation de dettes était prévue par l'article 222 de la coutume de Paris qui s'exprimait ainsi : « Combien qu'il soit convenu entre deux conjoints qu'ils paieront séparément leurs dettes faites auparavant leur mariage, ce néanmoins ils en sont tenus, s'il n'y a inventaire préalablement fait, auquel cas ils demeurent quittes représentant l'inventaire ou l'estimation d'icelui. »

Voici quelle était l'hypothèse que réglait cette disposition. De droit commun les dettes contractées par les époux antérieurement au mariage suivaient le mobilier,

elles tombaient en communauté. Or il arrivait souvent que
'un des époux, la femme surtout, paraît-il, apportait
beaucoup de dettes et peu de mobilier (1) : les créanciers
pouvaient alors poursuivre le paiement de leurs droits
sur tout l'actif commun et ruiner le mari. C'est pour re-
médier à cette situation que fut autorisée la clause de
séparation de dettes : on put désormais exclure de la
communauté les dettes antérieures au mariage, même
dans le cas où il n'y avait pas de clause de réalisation,
c'est-à-dire même dans le cas où les meubles tombaient
d'une façon définitive, sans récompense dans la masse
commune. Mais alors voici quel eût été le danger d'une
pareille clause si on eût appliqué le droit commun : les
créanciers n'auraient pas pu suivre le gage mobilier qui
tombait en communauté ; ce gage leur échappait, car les
meubles cessaient d'appartenir à leur débiteur et tombaient en communauté ; or la dette en était exclue ; le
droit de gage des créanciers était donc restreint aux
biens qui continuaient à faire partie du patrimoine de l'é-
poux débiteur, c'est-à-dire seulement aux immeubles.

S'il n'y avait pas d'immeubles les créanciers auraient
été entièrement dépouillés de tout leur gage. Aussi pour
porter un remède à cette situation des créanciers on
décida qu'au cas de séparation de dettes, ils conserve-

1. Ferrière. Coutume de Paris, t. III, titre X, glose de l'article 222,
n. 2. L'application du droit commun, dit Ferrière, aurait eu de
fâcheuses conséquence- « parce que souvent les maris seraient rui-
nez en épousant des femmes chargées de dettes. C'est pourquoi les
Réformateurs y ont sagement pourvu par cet article ajouté à la
coutume. »

raient leur gage dans son intégralité, qu'ils pourraient
poursuivre dans le patrimoine de communauté les apports
mobiliers de l'époux débiteur; mais leur droit, en principe, était restreint à ces biens qui constituaient leur
gage initial, leur droit ne s'étendait pas aux autres biens
de communauté, en particulier aux apports de l'autre
époux. Mais alors, et c'est ainsi que la question de preuve
se pose, comment va-t-on distinguer dans la confusion
des patrimoines le gage mobilier primitif des créanciers
des apports de l'autre conjoint et des meubles acquis
pendant le mariage? Il ne s'agit pas ici de reprise d'apport; il s'agit de déterminer l'origine et l'identité des
apports pour limiter le droit de gage des créanciers :
c'est dans cette mesure que l'on peut dire qu'il s'agit ici
de la preuve d'une propriété individualisée.

Sur ce point l'ancien droit s'était montré très rigoureux ; il ne permettait qu'un seul procédé de preuve,
l'inventaire. Ainsi dans le cas le plus fréquent, lorsque
les dettes de la femme étaient exclues de la communauté,
le mari, s'il voulait mettre obstacle à la poursuite des
créanciers sur ses apports personnels et sur les autres
biens de communauté était tenu de représenter un inventaire; cet acte pouvait intervenir sous deux formes. Il
pouvait établir la consistance du mobilier de la femme et
dans ce cas il limitait parfaitement le droit de gage des
créanciers. Ou au contraire il portait seulement sur le
mobilier du mari et alors celui-ci pouvait le soustraire
ainsi aux poursuites des créanciers de la femme. Mais
l'inventaire qui comprenait seulement les biens du mari
ne garantissait pas la fortune commune, parce que si les

apports du mari échappaient grâce à cette constatation aux poursuites des créanciers de la femme, il n'en était pas de même des biens de la communauté. Enfin dans le cas où aucun inventaire n'avait été dressé le droit de gage des créanciers s'étendait à tout le patrimoine de communauté : en d'autres termes, la clause de séparation de dettes ne leur était pas opposable.

Telle était la pratique de l'ancien droit ; il fallait un inventaire pour que la clause fût valable au regard des créanciers et c'était le seul procédé de preuve autorisé. Une pareille sévérité se justifie par la nécessité de leur assurer la conservation de leur gage. Nos anciens auteurs avaient redouté l'emploi des modes de preuve ordinaires pour en établir la consistance. Il faut que les époux représentent une preuve authentique.

Il y a une autre raison encore. Ce droit pour l'un des époux de distraire ses apports, de les séparer afin de repousser les poursuites de créanciers de son conjoint n'appartenait qu'au mari par rapport aux créanciers de la femme. Seul le mari pouvait obliger les créanciers à se contenter des apports de leur débitrice. Et en effet presque tous les auteurs étaient unanimes à admettre que la femme malgré la clause de séparation de dettes n'aurait pas pu renvoyer les créanciers se faire payer sur les biens du mari, leur soustraire ses apports. La raison en est que le mari est le chef de la communauté ; or le patrimoine commun comprend les meubles de la femme et par suite les créanciers qui ont action sur les biens du mari peuvent poursuivre tous les biens de la communauté et par conséquent les apports de la femme qui sont devenus la propriété de la communauté (1). Et alors si la femme ne pouvait en ancien droit distraire ses apports pour les faire échapper aux poursuites des créanciers du mari, elle n'avait aucun intérêt à se ménager une preuve de ses apports, au moins en ce qui concerne la clause de séparation de dettes.

Cet intérêt n'existait que pour le mari.

Et alors comme le mari était seul en cause, on avait trouvé qu'il n'y avait rien d'excessif à exiger de lui une diligence particulière et à lui imposer l'inventaire.

Telle était donc dans notre ancien droit l'hypothèse prévue et réglée par l'article 222 de la coutume de Paris. Divers auteurs sous l'influence de certaines préoccupations et tendances nées de controverses actuelles ont voulu tirer de cet exposé historique deux conclusions.

D'après les uns (2), l'article 222 nous montrerait quelle preuve était exigée en ancien droit lorsque la question de consistance d'apports se posait dans les rapports avec les créanciers. Il s'agissait, dit-on, d'établir à leur égard le montant de ces valeurs et pour cela le seul procédé de preuve était l'inventaire ; mais il faudrait généraliser la solution et décider qu'il en était de même toutes les fois que les époux avaient à faire la preuve de leurs apports mobiliers contre les créanciers de la communauté.

1. Ferrière titre X. Cout. de Paris glose de l'a. 222, t. 3, n° 7. « Mais cette clause de séparation de dettes n'empêche pas que ses créanciers ne fassent saisir et exécuter les meubles de la femme contenus dans son inventaire parce que le mari est maître de la communauté. »

2. Petiet. *De la preuve en matière de reprises matrimoniales.* n° 120 et suiv.

Cette conclusion nous semble inexacte pour ce qui est de notre ancien droit. Et en effet, la situation réglée par l'article 222 est toute spéciale ; il s'agit d'une preuve à l'égard, non des créanciers de la communauté, mais des créanciers antérieurs au mariage, non pour reprendre des valeurs exclues de la communauté, mais pour limiter le droit de gage des créanciers personnels, à certains meubles tombés dans le patrimoine commun. L'hypothèse est donc toute différente et il n'y a rien qui nous autorise à admettre dans notre ancien droit l'extension des procédés de preuve exigés en cas de séparation de dettes à l'hypothèse où les époux voudraient établir la consistance de leurs apports vis-à-vis des créanciers de la communauté.

Voyons donc si la seconde conclusion tirée de l'historique de l'art. 222 de la coutume de Paris serait plus exacte. Cet article, a-t-on prétendu (1), prévoit un cas où certains biens sont distraits en nature aux poursuites des créanciers : la solution de l'art. 222 nous montrerait quelle serait la preuve à établir lorsque la reprise s'exercerait en nature puisque c'est le seul exemple de pareille reprise que nous présente l'ancien droit.

Cette conclusion nous paraît aussi fausse que la première ; c'est qu'en effet au cas de séparation de dettes de reprises en nature à proprement parler, mais plutôt de séparation fictive de patrimoine : il s'agit simplement d'une distinction destinée à fixer le gage d'une certaine catégorie de créanciers.

1. Delboy. *De la preuve des reprises en matière de reprises matrimoniales.* Thèse, 1890.

Ainsi la théorie de la preuve des reprises ne peut se trouver en ancien droit en matière de séparation de dettes. L'article 222 de la coutume de Paris visait une hypothèse toute différente, un cas tout spécial et le mode de preuve dérogatoire qu'il imposait n'était qu'une mesure établie en vue de la protection de certains créanciers : il faut donc restreindre à la solution qu'il prévoit expressément les sévérités qu'il édicte et se garder de l'étendre à la matière des preuves des reprises.

Pour trouver les véritables solutions de l'ancien droit sur cette question, il nous faut les chercher à propos des clauses de réalisation. Sans doute ici il s'agissait toujours d'une reprise en valeur comme nous l'avons vu puisqu'il n'y avait que des propres mobiliers imparfaits. Mais le problème de la preuve se posait très nettement lorsqu'on voulait établir la base, le fondement et le montant de cette créance : sauf le cas où la valeur des apports était fixée en bloc par une estimation totale et celui où l'apport était en deniers, toute reprise en valeur suppose un état descriptif et individualisé de la propriété. Aussi nos anciens auteurs posèrent-ils d'abord en principe que la preuve normale serait l'inventaire. Mais ce ne fut pas longtemps, la preuve exclusive et on se montra de plus en plus large dans l'admission des moyens de preuve subsidiaires.

On peut distinguer dans la doctrine et la jurisprudence ancienne une évolution marquée par trois étapes.

Jusqu'au seizième siècle on imposa la formalité de l'inventaire ; au dix-septième on jugea suffisant un acte écrit quelconque ; enfin au dix-huitième siècle, à la fin de l'ancien droit, on paraît s'être accommodé de toute espèce de preuve.

Examinons d'abord la première période. L'inventaire fut donc au début le seul procédé possible pour justifier du droit aux reprises et pour en établir le montant, celà n'est pas douteux. Cette usage nous est révélé par Bacquet qui s'exprime en ces termes :

« Et la susdite confection d'inventaire a lieu non seulement ès-cas susdits, mais même est nécessaire d'une part et d'autre, quand l'homme et la femme ont contracté mariage, aux biens et droits qui leur appartiennent, qu'ils promettent d'apporter l'un avec l'autre, dedans le jour de leur mariage et épousailles, sans toutefois que les biens qui ainsi seront par eux et chacun d'eux portés l'un avec l'autre, soient aucunement communs entre eux, ny que l'un des futurs mariez, ny leurs hoirs et ayans cause y puissent prétendre ou demander l'un sur l'autre aucun droit, part et portion, mais seront ceux biens repris chacun desdits futurs mariez, ou leurs héritiers, au jour de la dissolution de leur futur mariage, tels et ainsi que cha_ cun d'eux les auront portés l'un avec l'autre ensemble. Et à cette fin les futurs conjoints feront inventaire de ce qu'ils apporteront, ou recollement de leurs inventaires en la présence de chacun d'eux (1) ».

Mais cette formalité était sévère et rigoureuse ; elle ne répondait pas aux nécessités pratiques. Aussi dans bien des cas était-elle une mesure inutile et vexatoire, par exemple lorsqu'il s'agissait de deniers remis au mari et dont la femme présentait la quittance. Aussi la Jurisprudence se relâcha-t-elle de bonne heure de sa sévérité

____

. 1. Art. 9, du titre 32 des arrêtés.

primitive et elle se contenta, à défaut d'inventaire, d'un acte écrit. C'est ce qu'admettent Lamoignon, Auzanet. « S'il n'a été fait inventaire, disait ce dernier (1), en la forme ci-dessus, avant la célébration du mariage, les meubles, droits et effets mobiliers qui appartiendront à chacun des conjoints entreront en la société conventionnelle, à la réserve de ceux qu'on justifiera par écrit leur avoir appartenu au temps des épousailles ». Cette règle est également formulée d'une façon très nette dans les arrêtés de Lamoignon (2).

La pratique trouvait encore ces règles trop rigoureuses. Par une faveur spéciale accordée à la femme, la preuve par commune renommée lui fut ouverte, à ce que nous apprend Lebrun (3). Ainsi on allait d'atténuations

1. Auzanet. *Sur la Coutume de Paris*, p. 159, titre X, art. 222.

2. Art. 9, titre 32 : « Si par le contrat de mariage il est convenu que le total ou une partie des effets mobiliers des deux conjoints ou de l'un d'eux, leur tiendra nature de propre, la convention n'aura aucun effet, s'il n'en a été fait inventaire avant la célébration du mariage ou le même jour, par devant notaires ou d'autres personnes publiques, signé des conjoints ou avec déclaration de ne savoir signer ; et au défaut d'inventaire, celui en faveur duquel a été fait la convention ne reprendra que ce qu'il justifiera par écrit lui avoir appartenu lors des épousailles ».

Voir aussi art. 14, titre 32.

3. Lebrun. L. III, chap. II, sect. II, sect. III.

N° 51. « L'inventaire fait après le mariage ne parait pas suffisant pour prouver l'apport, car il justifie bien qu'il y a des deniers ou des meubles, mais non qu'ils procèdent de la femme : et le mari en étant propriétaire de son chef peut les attribuer à la femme dans cet inventaire.

N° 52. Celui fait par la femme seule avant le mariage n'est pas

en atténuations. A la sévérité première avait succédé une grande tolérance et on finit par admettre pleinement la possibilité d'une preuve très libre et très extensive. C'est ainsi que Pothier étend au mari le mode de preuve exceptionnel permis à la femme par Lebrun, l'enquête par commune renommée. Toutefois à raison de l'influence que le mari prend sur sa femme durant le mariage, Pothier recommande au juge de montrer à l'égard de celle-ci plus d'indulgence pour la reprise de ses propres (3).

La même facilité de preuves subsidiaires était également autorisée dans les pays de droit écrit, là où l'on combinait le régime dotal et la société d'acquêts ; les modes de preuve étaient laissés à l'arbitraire du juge (4).

En résumé, il résulte de ces constatations historiques que de droit commun, à la fin de l'ancien droit on considérait que la preuve normale était encore l'inventaire. Mais de droit commun on n'admettait pas seulement ce mode de preuve unique et exclusif et on lui assimilait tout acte

suffisant, car la femme peut ne pas apporter ce qu'elle a, on peut inventorier ce qui n'est pas d'elle ; il faut que le mari y signe et y appose sa quittance.

N° 55. Comme la reprise est contre le mari, la femme se peut faire autoriser en justice pour faire inventaire de son apport ou de ce qui lui vient par donation, succession ou autrement. Souvent aussi à défaut de preuve, on en vient à une enquête de commune renommée. »

3. Pothier. *Traité de la Communauté*, n° 300. *Introduction au titre de la Coutume d'Orléans*, n° 145.

4. Dunod. *Observ. sur la Coutume de Franche Comté*, ch. VII, sect. I, n° 6 et 7. V. aussi sur l'art. 14 du titre des gens mariés, n° 6.

écrit, tout état en bonne forme, fût-il sous seing privé pourvu qu'il puisse fournir les bases, les éléments de calcul suffisants pour l'estimation du mobilier réservé propre : c'est ainsi par exemple qu'on aurait admis la preuve de la consistance de ces biens si l'un des époux rapportait un acte de partage d'une succession échue antérieurement au mariage, s'il contient un état descriptif détaillé du mobilier et cela même s'il se fût agi d'un partage amiable, sous seing privé.

Nos anciens auteurs considéraient encore comme un acte en bonne forme, assimilé à l'inventaire, un compte de tutelle contenant la description des biens qui ont fait l'objet d'une clause de réalisation.

Tel était donc le droit commun au cas de propres de propres mobiliers, mais c'était là un droit commun spécial c'est-à-dire restreint à cette hypothèse, c'est-à-dire en tant qu'il s'agit de preuve d'apports. Ce n'était pas le droit commun en général; ce dernier était plus large.

C'est ainsi par exemple qu'il admettait la preuve testimoniale lorsqu'il y avait déjà un commencement de preuve par écrit et cependant cette règle n'aurait pas été admise en matière de preuve d'apports mobiliers.

C'est ainsi que si un inventaire avait été dressé, par le mari après le mariage par acte privé, d'après le droit commun général cet acte aurait permis l'emploi de la preuve testimoniale. En matière de reprise il eût été en soi tout à fait insuffisant parce que ce n'était pas un état en bonne forme, parce que c'était un acte privé dressé par l'un des intéressés, par le mari qui a intérêt à grossir sa fortune, qui a même intérêt s'il s'agit de la femme à enfler le chiffre de ses reprises à l'encontre des créanciers de la communauté.

En principe donc, le droit commun spécial à la question des apports mobiliers autorisait seulement à défaut d'inventaire un état en bonne forme, c'est-à-dire un acte écrit estimatif, descriptif et détaillé, faisant d'une façon certaine la preuve de la consistance du mobilier réservé.

Mais à ce droit commun spécial il y avait, à la fin de l'ancien droit, une tendance à y apporter des exceptions surtout en faveur de la femme ; et alors on alla bien plus loin que le droit commun en matière de preuves en général. C'est ainsi que nous avons vu Lebrun permettre à la femme tous les moyens de preuve, même l'enquête par commune renommée et lorsque la facilité de ce moyen de preuve fut étendue au mari, comme nous l'apprend Pothier, on conseille encore au juge dans l'administration de cette preuve de se montrer plus bienveillant pour la femme que pour le mari. Notons enfin que ni la pratique, ni la doctrine ne distinguaient suivant qu'il s'agissait pour la femme de faire la preuve à l'encontre du mari ou des créanciers : les auteurs ne disent rien à ce sujet ; on admettait donc toujours la même largeur de preuve quels que soient les intérêts en cause.

Il nous faut enfin remarquer en dernier lieu que l'enquête par commune renommée était permise même lorsqu'il s'agissait d'apports, du mobilier appartenant aux époux au jour du mariage : dans ce cas on aurait pu soutenir que la femme comme le mari avait toute la liberté et l'indépendance nécessaires pour faire établir un état descriptif et estimatif, de son mobilier présent.

L'opinion des anciens auteurs était différente. Elle était que la femme, même en ce qui touche la rédaction du contrat était inexpérimentée et que par suite si le mari n'avait pas fait dresser l'inventaire dans le contrat, il devait être responsable de sa négligence et que par suite la femme pourrait faire sa preuve par tout moyen.

Enfin on en était arrivé à permettre même au mari d'user de la commune renommée et cela dans tous les cas ; seulement on recommandait au juge plus d'indulgence envers la femme.

Ainsi à la fin de l'ancien droit on admettait à défaut d'inventaire ou d'état en bonne forme tout mode de preuve, même la commune renommée, sans distinguer si la reprise avait lieu à l'égard des créanciers ou entre époux, qu'il s'agisse de mobilier présent ou de mobilier futur, que la demande soit faite par le mari ou la femme, sauf la recommandation au juge de montrer à l'égard de celle-ci plus de bienveillance.

2° Reprises immobilières.

Nous avons vu que les propres mobiliers formaient l'exception et qu'ils ne pouvaient résulter que d'une clause dérogeant au droit commun. Le principe était que les époux n'avaient que des propres immobiliers : c'étaient tous les immeubles qui leur appartenaient au jour du mariage : puis parmi ceux qui leur étaient acquis après cette époque, les immeubles provenant de succession, d'échange avec un propre, de remploi, etc. Les époux ne conservaient la propriété individualisée en sorte que la reprise se faisait généralement en nature.

Pendant toute la durée de la communauté, le mari en

vertu de ses pouvoirs de puissance et d'administration avait la possession de cette fortune immobilière ; il résultait de ce fait une présomption de propriété en faveur de la communauté. Telle était la règle universellement admise par nos anciens auteurs (1). La charge de la preuve incombait donc aux époux qui prétendaient à la reprise ; c'était, dit Bourjon, « une judicieuse conjecture qui conserve les intérêts des deux conjoints par une juste et favorable présomption (2). »

Ceci posé, voyons maintenant ce qu'ils devaient prouver et comment se faisaient les justifications.

Lorsqu'il s'agissait d'immeubles antérieurs au mariage, les époux n'avaient qu'à établir qu'ils en étaient propriétaires avant le commencement de la communauté. C'était la preuve la plus certaine et elle se faisait suivant les principes généraux en matière de droits et d'actes juridiques, c'est-à-dire par témoins lorsque la valeur de l'immeuble ne dépassait pas 150 francs, par acte écrit si elle s'élevait au-dessus de ce chiffre. En pratique c'était toujours par la production du titre de propriété que l'on faisait la preuve de l'acquisition et de sa date ; il n'y avait pas de difficultés.

Mais pour cela il fallait être propriétaire dès avant le commencement de la communauté ; or il arrivait souvent que les époux étaient simple possesseurs à cette date et par interprétation de la volonté présumée des conjoints si

---

1. Lebrun, livre V, p. 31. — Renusson. *Traité des propres*, chap. 1, sect. 13. — Ferrière sur Paris, art. 220, glose 3, n. 4.

2. Bourjon. Droit commun de France, titre 13, chap. II, p. 412.

plus tard ils acquerraient l'immeuble par l'usucapion, la coutume avait admis qu'il n'entrait pas en communauté. Il suffisait donc de prouver la possession antérieure au mariage : il s'agissait d'établir un simple fait et par conséquent, de droit commun la preuve testimoniale était ici possible. Telle était la théorie rapportée par Valin dans son commentaire de la coutume de la Rochelle (1) ; il n'accorde la preuve par témoins qu'autant « qu'elle porte sur des faits précis, savoir que le bien était avant le mariage dans la possession légale de celui qui le réclame et qu'il était réputé le posséder à titre de propriétaire ; ou encore que le bien lui est échu par succession d'un tel, qui en était censé le vrai propriétaire ».

Il importe de remarquer que dans ce passage Valin s'occupe de la preuve de la possession légale et non de celle du droit de propriété.

Dans le premier cas il s'agit d'un fait matériel à établir : la preuve testimoniale est possible, si elle porte sur des faits précis et indubitables.

Au second cas, il s'agit d'un fait juridique, d'un droit réel et il ne peut être susceptible d'une pareille preuve, au moins lorsqu'il s'agit d'une valeur de plus de 150 francs; le titre seul peut démontrer le droit de propriété antérieur au mariage.

Pothier, disent certains commentateurs, semble avoir méconnu cette distinction et d'après eux il paraît autoriser dans tous les cas la preuve testimoniale.

Voici le passage invoqué : « Un héritage ou un autre

1. Valin, *Coutume de la Rochelle*, t. II, sur l'art. 47, au *titre de la Communauté*, n°s 138, à 141.

immeuble, dont on ne trouve pas le titre d'acquisition est, dans le doute, présumé conquêt lorsque aucune des parties ne peut justifier qu'il lui ait appartenu avant le mariage, et qu'il lui fut propre.

La raison de cette règle est évidente. Celui des deux conjoints qui prétendrait que l'héritage lui est propre, doit le justifier suivant cette règle de droit : *Ei incumbit probatio qui dicit* ; l. s. f. f. *de probat.* Aucun des deux ne pouvant le justifier, il ne peut passer pour le propre d'aucun des deux ; il ne peut, par conséquent, être considéré autrement que comme conquêt.

Cette justification peut se faire non seulement par titres, mais à défaut de titres, par la seule preuve testimoniale. C'est pourquoi, je pense que l'un des conjoints ou ses héritiers, qui réclament un héritage comme propre, doivent être reçus à la preuve qu'il le possédait avant le mariage. C'est ce qui a été très bien observé par le nouveau commentateur de la coutume de la Rochelle. Il serait dangereux de n'admettre d'autre preuve que celle qui résulte des titres, les titres pouvant se supprimer (1) ».

Cette théorie nous semble fausse. Et d'abord il serait inadmissible que Pothier ait entendu repousser les précédents historiques et la tradition. Il suffit de rapprocher le passage invoqué de celui de Valin pour voir que Pothier a voulu simplement parler ici de la preuve de la possession et sa référence au commentateur de la coutume de la Rochelle indique suffisamment qu'il a entendu consacrer

1. Pothier. *Traité de la Communauté*, n. 203.

les solutions acceptées jusque-là, c'est-à-dire le droit commun général en matière de preuve.

Quant aux immeubles acquis au cours du mariage et restés propres, la preuve se faisait encore suivant les mêmes principes. S'agissait-il de droits, d'actes juridiques d'une valeur dépassant 150 francs, il fallait la preuve par écrit : au cas de donation d'immeubles réservés propres, par exemple, au cas d'échange, de remploi.

S'agissait-il au contraire de faits, par exemple, au cas de succession, la possession du défunt, la preuve testimoniale était possible (1).

Ainsi donc en matière de reprises mobilières en nature l'ancien droit appliquait purement et simplement le droit commun de la théorie générale des preuves. On n'exigea

---

1. *Pothier Traité de la communauté*, n° 213. « Pour qu'un héritage soit propre, en matière de succession, et par conséquent en matière de communauté, il n'est pas non plus nécessaire que l'héritter, qui a succédé à cet héritage justifie que le défunt, auquel il a succédé en était le propriétaire ; le défunt l'ayant possédé lors de sa mort, et cet héritage s'étant trouvé parmi les effets de sa succession, le défunt est par là suffisamment présumé l'avoir été, tant que l'héritier n'en est pas évincé ».

Poullain du Parc. Principes du droit français suivant les maximes de Bretagne, n°' 104 et 105.

« Suivant le principe général que tout héritage est réputé acquêt, s'il n'y a preuve de la qualité de propre, tout bien dont l'origine n'est pas prouvée est considéré comme acquêt de la communauté, sauf au conjoint qui le prétend propre à prouver qu'il le possédait avant le mariage *ou qu'il était possédé par celui dont il a recueilli la succession pendant le mariage.*

Je crois qu'en ce cas la preuve par témoin est suffisante ».

pas, comme pour les meubles, la confection d'une preuve spéciale car on estimait que les droits des époux se trouvaient suffisamment garantis grâce à la facilité que présentaient la reconnaissance et l'établissement de l'origine de l'immeuble.

Jusqu'au XVI° siècle, les reprises immobilières en valeur furent inconnues et il n'y avait pas lieu à récompense lorsque la communauté s'était enrichie ou avait été avantagée aux dépens des propres.

Lorsque se fut formée la théorie des récompenses, on admit que lorsque l'héritage propre de l'un ou l'autre des époux a été aliéné pendant le mariage celui des conjoints à qui l'immeuble appartenait devenait créancier de la communauté pour la valeur dont celle-ci s'était enrichie.

Il y avait donc d'abord à établir l'aliénation puis l'enrichissement de la communauté. Ces principes étaient rigoureusement appliqués en ce qui concerne les reprises du mari.

Mais la femme jouissait d'une faveur spéciale, elle était dans un cas dispensée de fournir la preuve de l'enrichissement de la communauté. C'était lorsque le mari, administrateur des propres de la femme, avait négligé de se faire payer le prix d'aliénation. Mais il lui fallait faire la preuve de la faute du mari (1).

Voilà pour la justification du droit à la reprise. Voyons maintenant quel était le montant de la créance.

Pothier, reprenant sur ce point les solutions de l'article

1. Pothier, *Traité de la communauté*, n° 609.

232 de la Coutume de Paris, disposait que c'était le prix réel de la vente qui devait être repris (1). Cette just.fication était encore laissée simplement sous l'empire du droit commun.

Telle était dans notre ancien droit la théorie de la preuve en matière de reprises matrimoniales.

Notre exposé historique terminé, nous allons entreprendre l'étude de la question dans notre Code civil.

1. Pothier, *Traité de la communauté*, n° 586.

DEUXIÈME PARTIE

LE CODE CIVIL

CHAPITRE I

Preuve des reprises immobilières.

Avant d'aborder l'étude de la preuve en matière de
reprises immobilières, voyons d'abord, afin d'en bien préciser la portée, sous quels régimes la question va se poser.

La loi a considéré par interprétation de la volonté tacite des époux les immeubles comme formant pour eux
un patrimoine de réserve, d'avenir dont il importait de
leur conserver la propriété et de leur assurer la restitution. Aussi sous la communauté légale les époux gar-
dent-ils comme propres leurs immeubles présents, puis
ceux qu'ils acquièrent pendant le mariage à titre gratuit,
soit encore par voie d'échange, en remploi, par suite,
d'un arrangement de famille, etc.

Il en est de même lorsque le régime légal est modifié
par une clause de réalisation ou lorsque la communauté
est réduite aux acquêts : ces modifications convention-
nelles ne portent en effet que sur le mobilier ; le sort des
fortunes immobilières ne change en rien.

Au cas où les époux ont exclu la communauté, le problème se présentera encore, puisque la femme garde la propriété de tous ses biens meubles et immeubles et que le mari en a l'administration et la jouissance.

Enfin lorsque la femme dotale aura dans sa dot des immeubles il faudra, lorsqu'elle en réclamera la restitution à son mari, qu'elle produise la preuve de son droit.

Nous aurons donc en ce qui concerne la question de preuve des reprises immobilières à passer en revue ces divers régimes.

Nous savons d'autre part que les conjoints conservant la propriété actuelle et individualisée retrouveront ces biens et les recouvreront dans leur individualité : la reprise aura lieu en nature.

Cependant il peut arriver que ces biens soient aliénés au cours du mariage : ce sera le mari qui vendra ses immeubles propres, ou encore ceux de la femme si celle-ci lui en a donné mandat. La femme pourrait encore elle-même réaliser l'opération lorsqu'elle sera relevée de son incapacité par l'autorisation de son mari ou de la justice. Bref, dans toutes ces hypothèses les époux ayant perdu la propriété de leurs immeubles, les valeurs qui les représentent sont tombées dans la caisse commune ; un droit de créance contre la communauté sera donc subrogé dans leur patrimoine à l'immeuble aliéné : la restitution aura lieu en deniers.

Nous allons donc étudier successivement ces deux modes de reprises immobilières. Voyons en premier lieu les reprises en nature.

SECTION I. — **Reprises immobilières en nature.**

1° *Communauté.*

La communauté a pendant sa durée là jouissance des immeubles propres des époux. Ils se trouvent donc à la dissolution confondus avec les acquêts de communauté sous la main du mari et il s'agit de savoir comment ils se détacheront de ce bloc, de cette masse et rentreront, leur fonction terminée, dans les patrimoines respectifs de leurs propriétaires.

Et d'abord à qui incombera la charge de la preuve ? En ce touche les immeubles, le Code a établi un principe dans l'article 1402 : comme notre ancien droit, il admet une présomption de propriété au profit de la communauté, il pose la règle que tout immeuble est réputé acquêt et par conséquent c'est à l'époux qui prétend le revendiquer à titre de propre à faire la preuve de ses droits. Les mêmes raisons qui avaient fait adopter cette règle par nos anciens auteurs doivent aujourd'hui être admises : c'est que la situation juridique apparente telle qu'elle résulte de la possession est celle d'une propriété commune : le mari est en effet le chef de la communauté et il possède à ce titre tous les biens du ménage ; sa qualité de propriétaire séparé, individuel s'efface et disparaît devant celle d'administrateur commun ; donc il possède pour la communauté et par suite c'est à celui qui revendique un propre immobilier à apporter la preuve précise de cette qualité.

Nous voudrions, avant de commencer l'étude des justifications qui incombent aux époux analyser et décomposer leur prétention de façon à bien voir ce qu'ils doivent démontrer pour réussir dans leur demande.

L'époux ou ses ayant cause doit d'abord établir que l'immeuble qu'il prétend propre n'est pas tombé dans la communauté, que la présomption de l'article 1402 n'est pas conforme à la réalité : question de qualité de l'immeuble.

Mais ce n'est pas tout : ce bien dont l'époux a conservé la propriété actuelle et individualisée se retrouve en nature dans la masse des patrimoines, ou encore il s'y trouve remplacé, au cas de remploi, par un autre immeuble déterminé lui aussi dans son individualité. Dans tous les cas il faut que l'époux reconnaisse dans les mains du mari le bien qu'il veut retirer et pour cela il doit en établir tous les caractères distinctifs : question d'identité.

1º *Preuve de la qualité de propre.* — Voyons donc d'abord la première preuve, celle de la qualité de propre. L'article 1402 est encore ici le siège de la matière, car en même temps qu'il pose la présomption de propriété en faveur de la communauté, il nous dit quelles justifications le demandeur devra produire pour faire tomber la présomption légale, « Tout immeuble, dit-il, est réputé acquêt s'il n'est prouvé que l'un des époux en avait la propriété ou possession légale antérieure au mariage ou qu'il lui est échu à titre de succession ou donation. » Cet article ne parle que des cas où il s'agit d'im-

meubles acquis par voie de succession ou donation ;
mais il ne faut pas hésiter à généraliser cette règle et à
ajouter à ces deux causes principales d'acquisition de
propres, les hypothèses de remploi et emploi, d'échange,
de retrait d'indivision.

En un mot, l'époux qui revendique un propre immobilier devra faire la preuve de cette qualité en établissant
à son profit un des cas constitutifs de propres.

Immeubles antérieurs du mariage. — La première
cause indiquée par l'art. 1402 c'est celle de la propriété
antérieure au mariage. Donc l'époux sera tenu d'établir
qu'il était propriétaire de l'immeuble à ce moment.

En réalité il s'agit ici d'une question de date et non
d'une question de propriété. Il importe d'insister sur ce
point car la preuve permise par la loi sera le résultat
de cette distinction.

En effet, comme nous l'avons déjà dit en analysant la
prétention de l'époux, il s'agit d'abord d'établir, non que
l'on a sur le prétendu propre un droit de propriété, mais plutôt que la propriété de l'immeuble n'a pu être acquise à la
communauté, après le mariage, que l'immeuble n'est par
un conquêt : c'est une preuve négative et c'est très différent. Cette preuve relative à la qualité de propre
se présente donc dans les rapports des époux dans
des termes autres que ceux dans lesquels elle se pose au
cas de revendication : c'est que, contre un tiers possesseur
de l'immeuble, le demandeur doit établir qu'il est réellement
et actuellement propriétaire et d'après certains auteurs
un peu rigoureux, M. Laurent par exemple, la preuve
de la propriété résulterait seulement de l'accomplissement

de l'usucapion au profit du revendiquant ou de ses auteurs.

En dehors de cette justification aucun autre mode de
preuve ne serait possible : les titres seraient insuffisants,
d'abord parce qu'ils sont étrangers au possesseur qui pourra
invoquer l'adage : *res inter alios acta*, etc. Ensuite parce
que s'ils prouvent bien la régularité et la légitimité des
transmissions, ils ne fait pas la preuve absolue du droit
de propriété : *nemo plus juris ad alium transferre potest
quam ipse habet.*

A plus forte raison ces auteurs écartent-ils toute présomption fondée sur des faits de possession. En résumé la
prescription serait la preuve unique de la propriété immobilière.

C'est qu'il s'agit en matière de revendication d'établir la
preuve qu'on est propriétaire. Mais la question qui s'élève
dans les rapports entre les époux et la communauté n'est
pas du tout la même. C'est que la communauté est l'ayant
cause des époux au point de vue des immeubles qui
leur appartenaient au jour du mariage et elle ne peut
avoir d'autre droit que le droit appartenant à l'époux ;
donc il suffit d'établir que celui-ci avait un droit quelconque au jour du mariage, fût-ce même un simple privilège
de fait, comme la possession, pour que la communauté
ne puisse avoir succédé qu'à la situation juridique qui
appartenait à cet époux. Ce que l'époux revendique, c'est
cette situation juridique qu'il avait et non la propriété.
Donc il lui suffit de prouver qu'il avait au moment du
mariage une situation juridique quelconque constitutive
de droit et la prescription d'acquêt se trouve écartée par

celà, et la loi lui substitue une présomption contraire, une présomption de propriété en faveur de l'époux.

Par conséquent non seulement ici les titres d'acquisition seront suffisants pour cette preuve, mais la simple possession antérieure au mariage suffira, non pas à faire déclarer l'immeuble propre, mais à écarter la présomption d'acquêt pour lui substituer une présomption de propre.

L'article 1402 le déclare du reste formellement ; il dit qu'il faudra que l'époux établisse en sa faveur soit la propriété, soit la possession légale antérieure au mariage.

Possession légale signifie une possession *pro suo*, à titre de propriétaire, une possession juridique opposée à une possession précaire. Par conséquent, si antérieurement au mariage un des époux avait eu la possession d'un immeuble à titre d'usufruitier, de locataire, c'est-à-dire comme détenteur précaire et que, par suite d'une interversion de titre qui ait modifié la cause de sa possession, la communauté ait acquis une possession légale à titre de propriétaire, la possession purement précaire de l'époux ne peut en face de la possession juridique de la communauté, effacer la présomption d'acquêt. En effet, non seulement la possession précaire n'est pas de nature à faire présumer la qualité de propriétaire chez celui qui en est pourvu, mais même elle en contient la négation et dans l'espèce, puisque c'est la communauté qui possède à titre de propriétaire, celà fait naître au contraire la présomption qu'elle a acquis l'immeuble depuis le mariage.

Mais il faut se garder d'exagérer les termes de possession légale : il ne faudrait pas exiger la possession d'un an avant le mariage. Cette possession annale est sans doute nécessaire lorsque le conflit s'engage sur la question même de possession : ce sera par exemple un tiers qui prétend avoir eu la possession et l'avoir gardée en vue de s'assurer le rôle de défendeur dans un procès en revendication : si un conflit de ce genre s'élevait entre l'époux et un tiers, il faudrait la possession d'un an.

Mais ce n'est pas le cas ici : il s'agit seulement d'écarter la présomption que tel immeuble a été acquis pendant la communauté. Or l'époux détruit cette présomption par un fait contraire et décisif s'il prouve qu'il avait la possession juridique avant le mariage, à titre de propriétaire, même de quelques jours seulement : la loi n'a égard qu'à sa qualité et non à sa durée.

Maintenant que nous connaissons les justifications que doivent faire les époux, il s'agit de savoir suivant quel mode elles seront faites. Sur ce point la loi reste muette : il faut donc purement et simplement appliquer le droit commun général, puisqu'aucun texte n'y déroge.

Donc en ce qui concerne la preuve de la propriété de l'immeuble au profit de l'époux antérieurement au mariage, il nous faudra au-dessus de 150 francs un acte écrit; en général cette preuve se fera par la représentation du titre d'acquisition.

Certains auteurs ont combattu cette solution en prétendant que ce droit de propriété pouvait être établi dans tous les cas par témoins et ils ont fondé leur solution sur le passage de Pothier que nous avons cité (1).

Un simple argument historique, surtout lorsque rien

1. Troplong, *Du contrat de mariage,* tome 1, 535.

dans notre code ne vient le corroborer est bien insuffisant pour écarter l'application du droit commun.

Mais en dehors de cette objection, nous avons vu quelle erreur avait été commise par ces auteurs dans l'interprétation de passage de Pothier : en réalité Pothier comme
tous nos anciens auteurs établissait parfaitement la distinction qui a été reprise par notre code et que nous fai-
sons ici suivant qu'il s'agit de la preuve du droit de propriété ou du fait de la possession.

On ne peut déroger au droit commun sans texte, donc
en matière de propriété, il faudra un acte écrit.

La possession au contraire est un pur fait qui pourra
toujours être établi par la preuve testimoniale. Donc il
nous faut également admettre que la preuve d'une possession légale antérieure au mariage pourra aussi résulter de présomptions ou de simples probabilités. A plus
forte raison l'aveu suffirait-il, mais seulement contre l'é-
poux de qui il émane (1).

Il n'y a donc en toute cette matière qu'à appliquer les
principes du droit commun.

Succession et donation. — La deuxième cause d'acquisition de propres est celle provenant de succession ou
donation. Ici encore ce sera très simple : conformément
aux principes généraux, il faudra que la cause soit prouvée toutes les fois qu'il s'agira d'une valeur supérieure à
150 francs, ce qui sera le cas ordinaire, par la preuve
littérale, par un titre. Ce sera tantôt la donation, le tes-

1. Riom, 10 nov. 1851. *D. Sup.* Cont. de Mar., n· 233. — Rennes,
27 janvier 1812. *D. Rép.* Cont. de Mar. n° 724.

tament, tantôt le partage indiquant les allotissements.

Ces actes pourront être des actes sous seing privé, sans date certaine et il en serait ainsi même si la reprise avait lieu contre les créanciers de l'immeuble. Même à leur égard l'art. 1328 ne s'applique pas car ce ne sont pas des tiers. Cette observation n'a guère qu'une valeur théorique, car, s'il s'agit de donations la date en sera certaine puisque les donations d'immeubles ne peuvent se faire que par acte authentique.

Au cas où il n'y aurait pas de titre, c'est-à-dire lorsqu'il y a un héritier unique, il suffirait à ce dernier pour écarter la présomption d'acquêt de faire la preuve du droit de propriété ou de la possession de son auteur. C'est qu'ici encore la preuve à fournir n'est pas à proprement parler une preuve du droit de propriété, c'est une preuve négative, c'est la preuve que pendant le cours du mariage l'immeuble n'a pas été acquis dans des conditions qui en font un conquêt et on comprend alors qu'il suffira de prouver la possession du défunt pour écarter la présomption d'acquêt et lui substituer une présomption de propriété en faveur du *de cujus* et, par conséquent, de son héritier·

Échange. — Au cas où l'époux réclame un immeuble comme ayant été acquis en échange d'un propre, il lui faudra simplement faire la preuve de ce contrat et sur ce point nous restons encore sous l'empire du droit commun.

Emploi et remploi. — Restent les immeubles acquis en emploi ou remploi. On sait que l'emploi est l'acquisition d'un immeuble faite en vue d'employer les capitaux mobiliers. Cette hypothèse ne peut donc se présenter sous l'empire de la communauté légale car il s'agit ici de transformer une créance en reprise en un droit de propriété sur un immeuble : ce serait contraire à la règle qu'on ne peut se constituer des propres ; même, s'il s'agit de la femme, il est interdit de la payer de ses reprises avant la dissolution de la communauté. Cependant cela peut se présenter sous la communauté d'acquêts. C'est qu'il y a un contrat de mariage et alors il peut y avoir une clause qui prévoit antérieurement l'emploi de valeurs mobilières en immeubles, soit pour l'autoriser, soit pour l'imposer : cette convention est parfaitement valable, car en pareille hypothèse l'immeuble devient un propre prévu par le contrat et les tiers pour lesquels est faite la règle qui interdit aux époux de se constituer des propres sont prévenus de cet emploi des deniers par les conventions matrimoniales. C'est ainsi que les époux peuvent convenir que le mari devra faire emploi en immeubles des valeurs mobilières provenant de succession et qui constitueront des propres imparfaits, des deniers par exemple.

Ainsi notre hypothèse est limitée à l'hypothèse où le mariage a été précédé d'un contrat.

Nous avons un texte qui prévoit ce cas à propos de la faillite. C'est l'art. 558 du Code de commerce. La loi des faillites a pris de grandes précautions pour empêcher les époux de se constituer des propres au détriment de la communauté et surtout des créanciers. Dans l'hypothèse de l'emploi, d'après le droit commun, la femme n'aurait, pour avoir le droit d'exercer sa reprise, qu'à prouver qu'elle se trouve dans un cas constitutif de propre, c'est-à-dire qu'il y a eu tout simplement emploi d'une valeur propre autorisé par le contrat. Mais au cas de faillite cette acquisition pour le compte de la femme paraît suspecte au législateur. Il a redouté que la femme ne vienne retirer aux tiers une partie de leur gage en simulant une acquisition qui, en réalité, serait faite avec des deniers du mari. Aussi la loi présume-t-elle que l'achat a été fait avec des sommes appartenant au mari et elle décide que la femme ne pourra exercer sa reprise qu'en prouvant son droit de propriété sur les valeurs employées.

Dans ce but l'art. 558 C. Comm. exige de la femme deux conditions au point de vue de la preuve :

1° Il faut que la déclaration d'emploi ait été expressément mentionnée dans le contrat d'acquisition, car la loi ne veut pas, si un immeuble a été acquis à titre onéreux pendant la communauté et est ainsi tombé dans la masse commune, que la femme puisse si la faillite est imminente, se l'attribuer après coup et le soustraire à la masse de la faillite future : il faut donc pour cela que l'emploi ait été prévu au moment de l'acquisition.

2° Il faut en second lieu que l'origine des deniers soit constatée par inventaire ou par tout autre acte authentique. Cela ne veut certainement pas dire que ces deniers doivent être dans leur matérialité les mêmes que ceux provenant d'une succession ou d'une donation ; tout ce qu'exige la loi c'est la preuve par inventaire ou acte authentique que ces valeurs lui sont propres, que ces deniers lui ont été acquis par voie de succession ou donation. Cela implique un acte authentique faisant une double preuve : d'abord la preuve de la cause d'acquisition de propos mobiliers, succession, donation ; en second lieu la preuve du montant des valeurs acquises ainsi à la femme.

C'est qu'il s'agit ici d'un emploi de capitaux mobiliers et il serait très facile d'attribuer à des valeurs mobilières quelconques une origine similaire ; c'est ainsi, par exemple, que l'un des époux pourrait acquérir un immeuble avec des deniers de communauté et la femme prétendrait ensuite que ces valeurs mobilières étaient propres, parce qu'elles provenaient de succession ou de donation. La masse de la faillite se trouverait donc lésée. L'exigence de cet inventaire a une très grande importance au moins lorsqu'il s'agit de mobilier provenant de donation. C'est que souvent dans ce cas il n'y a pas d'acte authentique comme lorsqu'il s'agit d'immeubles : les meubles, les deniers, peuvent en effet provenir de don manuel, contrat affranchi des formes et solennités de la donation entre vifs et qui vaut par la tradition. Même dans ce cas, si la femme voulait faire emploi des valeurs ainsi acquises, l'art. 558 exigerait un inventaire, sinon l'emploi ne serait pas opposable à la masse des créanciers.

Tel est le mode de preuve imposé par la loi des faillites dans ce cas spécial. Mais remarquons bien que la nécessité de cet inventaire ou de l'acte authentique est une dérogation au droit commun qu'il faut se garder d'étendre. L'art. 558 vise l'hypothèse où la reprise aurait lieu à l'encontre des créanciers d'une faillite et il faut restreindre son application à cette hypothèse.

Dans ces conditions lorsque le conflit s'élèvera soit entre époux, soit entre l'un d'eux et les créanciers en dehors du cas de faillite, il suffira de faire la preuve de l'emploi pour exercer la reprise : cette justification se fera d'après le droit commun général en matière de preuves (1).

Arrivons maintenant à l'hypothèse du remploi. Ici, il ne s'agit pas simplement de l'acquisition d'un immeuble avec des deniers quelconques, il faut que les valeurs proviennent de l'aliénation d'un propre. Ici le code de commerce n'impose plus à la femme une preuve exceptionnelle. Ce que déjà, d'après le droit commun, une double déclaration est exigée : d'abord celle du but de l'acquisition; l'époux acheteur doit déclarer qu'il achète l'immeuble en remploi. Cette exigence du droit commun en matière de remploi est la même que celle dont parle l'art. 558 du code de commerce en matière d'emploi.

Mais pour la deuxième condition une différence s'accuse.

C'est qu'ici, au cas de remploi, pour ce qui est de l'origine des deniers, on n'impose plus l'inventaire ou l'acte authentique comme le faisait l'art. 558. L'art. 1434 du Code civil exige seulement la déclaration d'origine des deniers remployés. C'est que sur ce point il n'y avait aucune raison pour être aussi rigoureux que la loi des faillites en matière d'emploi : ici, en effet, la simulation d'origine des deniers était impossible et la fraude n'était pas à redouter. Les deniers au cas de remploi proviennent de l'aliénation d'un immeuble propre et on ne peut simuler cette aliénation, cette vente. Il suffira donc pour exercer la reprise de prouver cet acte antérieur, puis il faudra éta-

1. Cass. 19 déc. 1894, Journal le *Droit* 13 janvier 1895.

blir que le bien avait la qualité de propre. La première preuve se fera simplement par la production de l'acte de vente, le second se fera d'après les règles que nous exposons, d'après les dispositions de l'article 1402.

Arrangement de famille. — Dans l'hypothèse où un immeuble a été cédé par un ascendant à l'un des époux pour le remploi de ce qu'il lui doit, ou encore à charge de payer ses dettes, la preuve se fera par l'acte d'acquisition. Il se peut cependant qu'au cas de contestation, l'époux se voit contraint d'établir que son ascendant était réellement débiteur. Le droit commun s'applique tout simplement.

2° *Preuve de l'identité.*

Nous avons vu qu'il ne suffisait pas d'établir que parmi les biens possédés par la communauté se trouvaient des immeubles ayant la qualité de propres, il faut de plus pour que la restitution ait lieu en nature individualiser l'immeuble revendiqué, le détacher de la masse dans laquelle il est confondu en le déterminant *in specie* : c'est là une question d'identité.

En fait il n'y a jamais de dificultés sur ce point. Cette preuve, difficile lorsqu'il s'agit de meubles, est ici fort simple. Les immeubles ont en effet certains caractères d'immutabilité et de fixité qui empêchent leur confusion dans le patrimoine commun et qui permettent à la fin du mariage de les distinguer et de les isoler de la masse.

Il s'agit en ce qui touche la preuve de l'identité d'une question de fait pour laquelle tous les modes de preuves sont admissibles, même la preuve testimoniale. Mais généralement les titres d'acquisitions fourniront tous les éléments nécessaires pour établir l'identité du propre : indication approximative de contenance, nature de l'immeuble, sa situation, ses tenants et aboutissants, ses numéros de cadastre ; en un mot il y a là un ensemble d'indications suffisantes pour identifier l'immeuble de telle sorte qu'en fait, la preuve de la qualité de propre et de son individualité se fait sans difficultés par la production des titres de propriété.

Telle est la théorie de la preuve des reprises immobilières en nature sous la communauté. La justification une fois faite, n'est pas seulement efficace dans les rapports des époux entre eux, elle l'est encore vis-à-vis des créanciers : la loi n'a établi aucune distinction. Ainsi, dans l'hypothèse où les créanciers du mari ou de la communauté voudraient frapper de saisie un immeuble que la femme prétend payer, tous les modes de preuve du droit commun, sont permis à la femme. Cette solution est confirmée par l'art. 557 du code de commerce :

Nous avons vu sans doute un cas où la loi des faillites déroge au droit commun : c'est lorsqu'il s'agit d'emploi capitaux mobiliers ; dans ce cas la loi a exigé de la part de la femme certaines preuves anormales pour lui permettre d'exercer sa reprise à l'encontre de la masse de la faillite. Mais nous avons vu que c'était là une hypothèse spéciale où la fraude était particulièrement facile. Aussi les dispositions de l'article 558 étant exceptionnelles et rigoureuses ne doivent pas être étendues (1).

1. Note de M. Labbé S. 1880-1-338.

Donc en dehors de cette clause d'emploi la femme pourra exercer ses reprises immobilières en nature contre les créanciers de la faillite suivant le droit commun (1),

L'article 557 déclare en effet qu'« en cas de faillite du mari la femme dont les apports en immeubles ne se trouveraient pas mis en communauté reprendra en nature les dits immeubles et ceux qui lui seront survenus par succession ou par donation entre vifs ou testamentaire », Cet article ne contient donc aucune prohibition au point de vue de la preuve, il n'établit aucun procédé anormal à l'encontre des créanciers de la faillite.

Les dispositions du Code de Commerce viennent donc à l'appui des solutions que nous avons données en droit civil, car il ne serait pas admissible que la loi se montrât moins rigoureuse en matière de faillite que dans les cas ordinaires.

2° *Régime sans Communauté.*

Sous ce régime la présomption de propriété n'est plus en faveur de la communauté, celà va de soi puisqu'il n'y a pas de patrimoine commun ; elle sera donc forcément en faveur du mari possesseur ce sera à la femme à prouver la qualité et l'identité des immeubles qu'elle veut reprendre (2).

C'est là toute la différence qu'il y a entre ce régime et

1. Bressolles. *La femme du commerçant* (thèse, Toulouse), nos 67 et suiv.

2. Cette présomption de propriété résulte du droit d'administration du mari : art. 1531.

la communauté. La question de preuve se pose dans les mêmes termes et elle doit être résolue d'après les mêmes principes ; aucune disposition de code ne vient en cette matière déroger au droit commun que nous avons exposé.

3° *Régime dotal.*

La femme mariée sous le régime dotal, doit toujours lorsqu'elle réclame la restitution d'immeubles dotaux combattre la présomption de propriété qu'engendre la possession en faveur du mari.

Ici encore ce n'est pas précisément une preuve de sa propriété qu'elle doit établir, il suffit qu'elle renverse la présomption au profit du mari en établissant que l'immeuble est dotal : il s'agit donc seulement d'une question de qualité. Il y aura simplement à démontrer que le bien dont la femme demande la restitution se trouve compris dans la constitution de dot, ou encore seulement qu'il a été donné à la femme par contrat de mariage car on sous-entend par interprétation de la volonté des parties la constitution de dot ; il suffira encore d'établir l'échange d'un immeuble dotal avec un bien nouveau qui lui sera ainsi subrogé, soit encore qu'il y a eu un remploi valable, qui conférait au bien nouvellement acquis le caractère de dotal.

Toutes ces justifications sont encore ici soumises à l'application pure et simple des principes généraux et il en sera aussi de même pour la preuve de l'individualité de l'identité de l'immeuble.

SECTION II. — *Reprises immobilières en valeur.*

Nous venons de voir comment se faisait la reprise des immeubles dont les époux avaient conservé la propriété individualisée ; une autre hypothèse peut se présenter, c'est celle où la reprise au lieu d'avoir lieu en nature, se fait en valeur.

Il se peut en effet que la communauté se soit enrichie ou qu'elle ait été avantagée aux dépens des propres immobiliers, dans le cas, par exemple où le propre a été aliéné, au cas encore où il a été échangé et qu'une soulte est payée à l'époux ; dans toutes les hypothèses de ce genre, la somme versée est tombée dans le patrimoine commun; mais en même temps un droit à récompense a pris naissance au profit de conjoint et a remplacé dans le patrimoine propre la valeur immobilière disparue.

Par conséquent au moment de la liquidation des reprises les époux après avoir retiré leurs biens propres qui se retrouvent en nature font valoir leurs droits contre la communauté et exercent leurs reprises en valeur.

D'après l'article 1315, c'est à celui qui invoque un droit de créance à en faire la preuve : ce sera donc à l'époux qui prétend à la récompense à prouver qu'il y a droit.

Ceci posé, voyons maintenant quelles justifications il devra fournir et suivant quels modes elles se feront :

D'une part, la prétention repose sur ce fait qu'une valeur provenant d'un immeuble propre est allée grossir la masse commune : donc le droit à la récompense sera subordonné à la preuve de cet appauvrissement du patrimoine propre et de l'entrée de la valeur en communauté.

Il y a d'autre part un second point à établir, c'est le montant de la reprise, le chiffre auquel s'élève la créance, la récompense.

Nous allons voir successivement ces deux preuves.

1° *Preuve de l'enrichissement de la communauté.* — L'époux qui réclame une récompense est tenu en principe de prouver que la valeur dont il demande le paiement est entrée dans la communauté.

Il faudra d'abord pour cela établir le fait initial qui a fait perdre la propriété de tout ou partie de l'immeuble au conjoint, la vente, par exemple, ou encore l'échange etc. Cette preuve devra être faite d'après le droit commun puisque nous ne trouvons ici aucune disposition qui y déroge.

Mais cette première preuve est insuffisante ; elle démontre bien en effet la perte subie par l'époux réclamant, mais elle ne fait pas la preuve que la communauté est devenue débitrice de cet époux en s'enrichissant à ses dépens. C'est qu'en effet tant que le prix n'a pas été versé à la communauté, celle-ci ne doit rien et à l'immeuble se trouve substituée dans le patrimoine propre une créance contre l'acheteur, le coéchangiste ; cette créance reste propre ne tombe pas en communauté, car l'immeuble n'est pas encore définitivement sorti du patrimoine de l'époux et il y a encore chance de le ravoir, par exemple, par l'action en résolution ou le privilège du vendeur. Ce n'est que lorsque le propre a été complètement aliéné, de telle sorte que l'époux n'a plus aucun espoir de le recouvrer, lorsque le prix a été payé et qu'ainsi l'opération est définitivement conclue qu'il y a une valeur qui doit tomber en communauté et qu'un droit à récompense prend naissance.

Il semble résulter de tout cela que l'époux doit prouver en principe que le prix a été versé au mari et que ces deniers sont tombés dans la caisse commune et ont servi à améliorer des biens de communauté.

Tel est le droit commun :

Mais des difficultés se sont élevées sur ce point. On s'est demandé si les époux étaient tenus tous les deux de fournir les preuves dont nous avons parlé, preuve du paiement d'abord.

Ce fait du paiement doit-il être établi suivant les principes d'une façon absolue et au contraire certaines circonstances ne le font-elles pas présumer ?

Ensuite faut-il dans tous les cas exiger, en outre de cette première preuve, celle de l'enrichissement de la communauté ?

D'après M. Laurent, par exemple, il faut purement et simplement appliquer le droit commun : les deux époux sans distinguer s'il s'agit du mari ou de la femme, doivent prouver d'abord le versement des espèces au mari, puis en second lieu l'enrichissement de la communauté. Il faut appliquer le droit commun dans toute sa rigueur, dit-il, puisque aucun texte n'y porte atteinte et par conséquent on ne peut dispenser aucun des époux de la preuve complète de son droit de créance. Aucune présomption de paiement ne saurait être admise, car ce serait violer l'article 1315 (1).

L'opinion de M. Laurent est restée isolée, c'est qu'avec une pareille théorie les droits de la femme seraient bien sacrifiés. Le mari administrateur de la communauté aura toutes les facilités pour se constituer une preuve en vue de la demande de ses récompenses, au contraire la femme, écartée de la gestion des affaires, se trouvera à peu près dans l'impossibilité de prouver soit le versement du prix au mari, soit l'emploi de ce prix au profit de la communauté. Aussi la majorité des auteurs et la jurisprudence ont-ils adopté la distinction suivante : à l'égard du mari il y a obligation de prouver d'une façon péremptoire que la somme dont il réclame la récompense est effectivement entrée en communauté. On n'exige pas de lui la preuve que la communauté s'est enrichie ; on se borne à exiger la preuve que le prix a été versé dans la communauté : on présume que celle-ci s'est enrichi jusqu'à due concurrence et ce serait au contraire à la femme à faire la preuve que le prix a été détourné par le mari et employé à son profit personnel.

S'agit-il de la femme, on admet que le mari comme administrateur de la communauté est présumé avoir reçu les espèces et les avoir employées au profit de la communauté.

La femme n'aura donc qu'a faire la preuve de la vente, du fait initial, elle est dispensée de celle de paiement au mari et de l'enrichissement du fonds commun : ce serait

____

(1) Laurent, *Principes de droit civil*, t. 22 n° 157.

au mari à prouver au contraire que le prix est encore dû par l'acquéreur ou qu'il ne l'a pas employé au profit de la communauté et cette preuve lui sera facile puisque c'est lui qui est chargé du maniement des affaires et qu'il aura pu se constituer une preuve au cours des opérations.

Cette façon de voir paraît juste et équitable et tient compte de la situation faite à la femme durant le mariage.

De plus elle est parfaitement en harmonie avec les principes du droit. Et d'abord on ne supprime pas complètement l'article 1315 puisqu'on n'exempte pas la femme de toute preuve ; on atténue seulement la rigueur du droit commun.

La femme doit prouver sinon qu'elle a versé une valeur dans la communauté, du moins qu'un capital lui appartenant a été mis à la disposition de la communauté et il résulte de ce fait qu'une créance est née à son profit au cours du mariage.

Ce point établi, le mari qui avait en main la créance sera présumé l'avoir exercée en vertu de son titre général d'administrateur des biens de la femme.

Et cette présomption n'a rien d'arbitraire ni d'illégal puisqu'elle se borne simplement à supposer que le mari a usé de ses pouvoirs ainsi qu'il le devait pour exercer les droits de sa femme et la prémunir entre toute perte possible. On suppose de plus qu'à titre de chef de la communauté, il a employé ces deniers communs à leur usage, à leur destination, c'est-à-dire qu'il les a utilisés au profit des biens communs et non de son patrimoine personnel.

La jurisprudence a du reste adopté cette distinction entre la femme et le mari. On l'a cependant contesté.

Les arrêts recueillis qui exigent la preuve du paiement et du versement à la communauté visent presque tous les cas où il s'agit d'une récompense du mari et, dit-on, quoique la jurisprudence soit muette en ce qui concerne la femme étant donné la généralité des termes avec lesquels les arrêts semblent envisager la question il faut en conclure qu'elle ne consacre aucune différence entre le mari et la femme.

Il nous semble que ce motif n'est pas décisif : de plus on peut relever certains arrêts qui établissent nettement la distinction adoptée par la doctrine. (Metz 18 juillet 1820. S. 1821, 2, 365).

2° *Preuve du montant de la récompense.* — Mais il y a une seconde preuve à faire: il faudra établir le chiffre auquel s'élève l'enrichissement de la communauté.

En principe les récompenses dues aux époux ne peuvent dépasser les sommes ou valeurs qui sont entrées dans la masse commune ou dont la communauté a profité mais ces récompenses doivent comprendre l'intégralité de la valeur entrée en communauté. C'est ce que dit en formulant un exemple l'article 1436. « Dans tous les cas, la récompense n'a lieu que sur le pied de la vente quelque allégation qui soit faite touchant la valeur du propre aliéné. » La loi a sur ce point suivi les principes consacrés par l'ancien droit. Donc pour imputer la valeur de l'mmeuble, c'est le prix intégral qui devra être la mesure de la récompense. Mais le prix dont il est question en cette matière est-il le prix réel ou simplement le prix déclaré dans le corps du contrat ?

Il se peut en effet que le prix porté au contrat soit réellement inférieur à celui que la communauté a touché. Il n'est pas douteux que l'objet de la récompense doit être égal au prix réel quelles que soient les déclarations contenues dans l'acte et en effet, si la cause de l'obligation de la communauté réside dans la réception du prix de la vente, par voie de conséquence logique, la communauté doit être tenue jusqu'à concurrence de ce qu'elle a effectivement reçu et non pas seulement dans les limites des déclarations insérées dans l'acte de vente. Mais alors ici intervient encore la question de preuve. Si les époux prétendent qu'il y a eu une dissimulation dans l'acte qui les constitue créanciers, peuvent-ils en faire la preuve et suivant quel mode ? Tel est le problème. Ecartons d'abord un cas où la solution n'est pas douteuse. C'est lorsque la femme n'a pas concouru à l'acte portant dissimulation, ce qui peut arriver lorsqu'elle a abandonné au mari la gestion de ses biens ou lui a donné le pouvoir d'aliéner en son nom un bien propre et que le mari a seul fait cette aliénation : la femme pourra prouver le fait de la dissimulation par tous les moyens, parce qu'il s'agit là d'une fraude commise par le mari et lui portant préjudice.

Mais la difficulté apparaît lorsque c'est l'un des époux ayant participé au contrat qui veut prouver la dissimulation. Nous allons étudier la question suivant qu'il s'agit du mari ou de la femme.

Lorsque la femme réclame une récompense on est

d'accord pour lui permettre de discuter la fausseté des allégations contenues dans l'acte au moins dans ses rapports avec son mari. En effet, dit-on, au cas où elle a concouru à l'acte son état explique qu'elle ait accepté de signer une énonciation inexacte ; il n'y a aucun reproche à lui faire et elle ne doit pas supporter les conséquences d'une fraude imposée à elle par le mari. Il convient à ce titre de la protéger en l'autorisant à faire la preuve de la dissimulation qu'elle allègue.

De plus même en supposant que le consentement de la femme soit donné librement il faut considérer que la dissimulation a été faite par la femme dans son propre intérêt pour obtenir un prix plus élevé sauf à exercer plus tard ses récompenses vis-à-vis de la communauté.

Il n'en serait plus de même, a-t-on prétendu, quand le mari voudrait faire la preuve de la dissimulation et la cour de Douai (1) a décidé qu'à son égard l'acte faisait foi du prix qu'il énonçait et qu'il n'était pas admis de prouver contre son contenu : le mari est inexcusable d'avoir dissimulé le prix alors qu'il jouissait d'une pleine indépendance et il serait injuste d'alléguer une dissimulation frauduleuse à laquelle il aurait participé.

Ces raisons ne nous paraissent pas concluantes ; puisqu'on raisonne d'après l'équité et la justice, restons sur ce terrain. Or il est à remarquer que le plus souvent la dissimulation est imposée au vendeur comme une condition de vente par l'acheteur en vue de frauder le fisc : Il serait donc injuste de faire retomber sur le mari les conséquences d'une fraude provenant de l'acheteur.

1. Douai 28 avril 1851. S. 52.2.369.

Mais il y a une raison juridique qui nous paraît absolument décisive. C'est que si l'on refuse au mari le droit de prouver le prix réel, le patrimoine de la femme va s'enrichir au détriment de celui du mari et alors une pareille solution ira à l'encontre du principe même des récompenses. La récompense n'ayant d'autre but que de rétablir le patrimoine des époux dans leur intégrité ordinaire, toute combinaison qui permet que l'un de ces patrimoines s'enrichisse dans une mesure quelconque aux dépens de l'autre va contre ce but et pour ce motif doit être rejetée.

Nous admettons donc, en concluant, que le mari comme la femme peut établir le prix réel de son immeuble propre.

Voyons à présent suivant quels modes ces preuves pourront se faire. En réalité il s'agit simplement de prouver que la communauté a reçu un prix déterminé. Il s'agit donc simplement d'un fait à prouver et il semble que cela est très simple et que la preuve testimoniale est possible, Mais précisément on l'a contesté ; le conflit a pris naissance à propos de l'article 1341. Cet article dispose qu'il ne peut être reçu aucune preuve par témoin contre et outre le contenu aux actes.

Or, a-t-on dit, l'article 1341 est applicable ici ; les époux ne peuvent démontrer par témoins la fausseté de l'allégation contenue dans cet acte lorsqu'ils y ont été parties ; dans ce cas, à moins d'un acte écrit ils devront subir les conséquences de leur fraude : ils ne recouvreront que la valeur portée à l'écrit.

La majorité des auteurs et la jurisprudence ont repoussé avec raisons cette application de l'art. 1341. Cet article a en effet en vue les rapports des parties contractantes entre elles et non leurs rapports avec les tiers. Or quand l'un des époux veut prouver la fausseté du contenu de l'acte, du prix indiqué, c'est non contre ses contractants mais contre son conjoint contre un tiers qu'il veut faire cette preuve. L'article 1341 est donc étranger à notre hypothèse.

Pour une autre encore il faut le rejeter.

Que faut-il prouver en effet ? Qu'une somme déterminée représentant un propre immobilier est tombée en communauté ; c'est, avons-nous déjà dit, un simple fait et par conséquent la preuve par témoins est possible. Lorsqu'on invoquait le titre, l'acte de vente, c'était pour fixer la somme reçue par la communauté, mais nous pouvons faire cette preuve en dehors de tout titre, par témoins quelle que soit la valeur en litige. On a objecté sans doute que le fait matériel dont il s'agit de faire la preuve est destiné à produire les conséquences juridiques : la communauté va être, dit M. Guillouard (1), constituée débitrice du prix de vente qu'elle a encaissé : c'est donc bien le fait qu'il s'agit d'établir, fait qui pouvait être et a été constaté par écrit; il est donc soumis aux règlements des articles 1341.

Cet argument ne nous atteint pas : un fait matériel est toujours un fait quelles que soient ses suites : la règle qu'il est toujours susceptible d'être établie par témoins est en réalité indépendante du point de savoir s'il doit en résulter telles ou telles conséquences juridiques.

Concluons donc que la preuve testimoniale sera ici possible pour le mari comme pour la femme.

1. *Traité du contrat de mariage*, t. 2, n° 713.

On admettrait aussi, bien entendu, les présomptions, registres, papiers domestiques, en un mot toutes les modes de preuves ordinaires.

Jusqu'ici nous avons raisonné en supposant que c'est à l'égard de son conjoint ou de ses ayants cause que l'un des époux veut faire la preuve du prix réel perçu par la communauté. Mais faut-il admettre les mêmes facilités lorsque c'est contre les créanciers de la communauté que l'un des époux prétend faire cette preuve ? C'est qu'en effet l'époux va alors venir concurremment avec les créanciers pour se faire payer ses récompenses sur l'actif de la communauté et ils sont tous payés au marc le franc. Les créanciers auraient donc intérêt à ne permettre aux époux que de réclamer seulement le prix apparent et à leur interdire la preuve facile que la loi autorise dans les rapports entre eux.

La question s'est posée en jurisprudence à propos de la femme et M. Labbé dans une note (S. 76-1-5) a soutenu que la femme n'avait pas le droit d'établir par tous moyens ses droits à l'encontre des créanciers du mari.

C'est que la loi, dit-il, a écrit pour la protection de toutes les personnes qui n'ont pas été parties dans une opération et qui ne connaissent l'opération que par l'acte rédigé pour servir de preuve un principe dont nous devons tenir compte : cette règle est donnée par l'article 1321 : les contre-lettres ne sont pas opposables aux tiers. Et il n'y a pas seulement contre-lettre lorsqu'un écrit secret a été dressé par les parties ; l'article 1321 doit être généralisé, il doit être applicable au cas où la convention secrète, contraire aux dispositions de l'acte

public est prouvée d'une façon quelconque et est valable
entre les parties. Or, c'est précisément notre hypothèse :
la femme veut prouver qu'une convention secrète des
parties a fixé le prix de vente à un chiffre supérieur à
celui porté par le contrat, par conséquent elle voudrait
invoquer une contre-lettre contre les créanciers du mari
c'est-à-dire contre des tiers, puisque l'on entend par tiers
à l'égard de l'article 1321 tous ceux qui n'ont pas sous-
crit les actes entachés de dissimulation. C'est impossible, l'article 1321 s'y oppose formellement. Telle est la
thèse. Néanmoins M. Labbé la trouve très rigoureuse et
il paraît ne l'admettre qu'à contre-cœur.

C'est que, s'il en est ainsi, même lorsque la femme pourrait apporter des preuves évidentes et décisives de la
dissimulation contenue dans l'acte de vente, on refusera
à la femme une récompense égale au prix véritable
qu'elle s'offre de prouver et ce sera lui porter un grave
préjudice en procurant aux créanciers du mari un bénéfice immérité et indu : de plus, ajoute-t-il, c'est le mari qui
en réalité a fait l'opération que la femme y assiste ou non
et il semble bien injuste de lui faire subir les conséquences d'une dissimulation de prix qui n'est pas son œuvre
ou dont elle n'a pas eu conscience.

Aussi semblerait-il très équitable de permettre au juge
l'admission de tout mode de preuve et de s'en rapporter
à sa clairvoyance pour concilier par ses appréciations
les intérêts contradictoires de la femme et des créanciers.

Mais, dit-il, il est impossible de mettre une pareille
solution en harmonie avec les principes du Code civil et

nous sommes ici en face d'un obstacle impossible à franchir, l'article 1321.

Voyons donc si l'autorité de cet article va nous empêcher d'admettre ici une solution qui semble équitable et s'il nous est impossible d'en écarter l'application.

Et d'abord il importe de déterminer hypothèse que prévoit l'article 1321 afin de voir si nous nous trouvons ici dans sa sphère d'application.

La contre-lettre est une convention destinée à rester secrète par laquelle les signataires déclarent que les conventions ou déclarations consignées dans un autre acte passé entre eux ne sont pas sérieuses ou qu'elles ont lieu sous certaines clauses ou conditions qui modifient celles contenues dans l'acte apparent. C'est bien ce qui se passe lorsque le prix porté à l'acte de vente est simulé en vue de frauder les droits du fisc et qu'une convention secrète en rétablit le véritable chiffre.

Entre les parties ces contre-lettres sont valables car elles sont l'expression de la volonté vraie des intéressés. L'article 40 de la loi du 22 frimaire an VII avait déclaré nulles toutes les contre-lettres sous seing privé qui auraient pour objet une augmentation du prix stipulée dans un acte public ou seing privé enregistré.

Cette disposition a été virtuellement abrogée par l'article 1321. Mais il ne faut pas que les tiers souffrent de cette dissimulation et à leur égard la contre-lettre est sans effet ; seul l'acte apparent dont ils ont connaissance à une valeur.

Mais que faut-il entendre par tiers ? Il ne s'agit pas là des personnes complètement étrangères aux contractants, personnes à qui ni l'acte apparent ni la contre-lettre ne pourrait nuire par cette raison que les conventions n'ont d'effet qu'entre les parties.

D'après M. Labbé le mot tiers comprendrait ici tous ceux qui n'ont pas été parties à l'acte, mais telle ne peut être dans notre hypothèse le sens de cette expression car l'article 1321 ne ferait que reproduire en ce qui touche les contre-lettres une règle générale, commune à tout espèce de conventions.

Les personnes qu'entend désigner l'article 1321 ne peuvent être que les ayant cause des parties auxquelles les conventions passées par leurs auteurs sont en principe opposables, par exemple les successeurs particuliers à titre onéreux, à titre gratuit les créanciers hypothécaires ou chirographaires des parties contractantes.

L'article 1321 a pour objet de les soustraire à l'obligation de subir les effets de la convention secrète, de là contre-lettre. Cet article prévoit donc le cas où l'on voudrait opposer à ces personnes le contenu de cet acte ; il ne règle qu'une question relative à l'effet des conventions.

Or, dans notre hypothèse de quoi s'agit-il est-ce que les parties à l'acte prétendent faire subir à leurs ayant cause les conséquences de leur convention secrète ? S'il en était ainsi l'article 1321 trouverait son application. Mais nous ferons remarquer que le conflit s'engageant avec les créanciers du mari, ceux-ci ne sont pas des tiers au sens de l'article 1321.

Dans la question qui nous intéresse, lorsque l'immeuble a été vendu quelles étaient les parties contractantes ?

L'acheteur d'abord, puis la femme, soit qu'elle ait vendu,

autorisée de son mari, soit encore que celui-ci, comme son mandataire, ait réalisé l'opération. Les créanciers du mari sont donc des tiers absolument étrangers aux contractants. Or à leur égard nous savons que l'article 1421 n'a rien à voir ; si on voulait leur opposer les conventions passées par la femme ils se placeraient sous la protection du principe général d'après lequel les conventions sont sans effet à l'égard des tiers (article 1165).

De plus, quand la question de récompense s'élève, il ne s'agit pas d'exécuter le contrat de vente d'établir les conditions et de régler les effets de la convention en ce qui concerne les rapports des parties qui y ont figuré avec leurs ayant cause, il s'agit simplement de rechercher et de déterminer le montant de la somme qui par suite de la vente d'un propre de la femme est entré en communauté ; il s'agit de rechercher le profit que le patrimoine commun a réalisé à l'occasion de cette vente. C'est là une preuve qui peut s'établir par tout moyen légal. Sans doute on peut recourir pour cela au contrat, mais on ne l'invoque que comme un document permettant d'établir l'enrichissement de la communauté et le chiffre de la récompense à laquelle la femme prétend avoir droit et rien ne s'oppose à ce que, même vis-à-vis des créanciers du mari, celle-ci use de tous les procédés légaux pour faire la preuve de la dissimilation (1).

Nous sommes ici dans une hypothèse que n'a pas visé l'article 1321. C'est du reste ce qui a été jugé par la cour de cassation dans l'arrêt qui avait suscité la note de M. Labbé.

____

1. M. Bartin. *Des contre-lettres*. Thèse 1885, p. 110 et suiv.

Gouyon 7

CHAPITRE II

Preuve des reprises mobilières.

Nous avons vu lorsqu'il s'agissait d'immeubles que la
nature de ces biens, leur caractère fixe et immuable,
leurs titres d'acquisition et de propriété en facilitaient
singulièrement la reprise et que la question de preuve ne
soulevait, soit en doctrine, soit en jurisprudence que bien
peu de difficultés.

Il en est tout autrement lorsque c'est sur du mobilier
que porte la prétention des époux. C'est qu'ici la nature
fuyante et instable des meubles rend leur individualité
plus difficile à établir. En outre le caractère occulte de
leur déplacement, l'absence de titres d'acquisition en fait
des valeurs qu'il est aisé de dissimuler, de substituer les
unes aux autres, des valeurs dont l'identité et l'origine
paraissent ne pouvoir s'établir que par un inventaire, ou
tout autre acte équivalent qui en donne l'énumération et
la description précise.

C'est donc surtout la question d'individualisation qui paraît ici délicate. Le problème est d'autant plus complexe
qu'au moment de la rédaction du Code la fortune mobilière étant peu importante, les rédacteurs ont négligé de
bien fixer les principes de cette matière et que les articles

qui la réglementent sont souvent obscurs ou incomplets.

Avec l'importance croissante qu'a prise la fortune mobilière, avec le mouvement qui s'est produit en faveur de la communauté d'acquêts, régime sous lequel tous les meubles restent propres, on a senti la nécessité de fixer et de délimiter nettement les patrimoines respectifs des époux en ce qui touche le mobilier : on a alors essayé de mettre le code en accord avec les nécessités pratiques nouvelles qui résultaient de l'évolution économique et sociale et alors le problème de la preuve s'est posé dans toute sa complexité. Il a soulevé de nombreuses controverses doctrinales et à l'heure actuelle encore les discussions se continuent et une opposition s'affirme entre la majorité de la doctrine et de la jurisprudence.

Il se présente avec fréquence devant les tribunaux et il suffit de consulter les recueils de Jurisprudence pour voir qu'il y a là une source intarissable de conflits et de procès qui naissent, de l'obscurité de la loi, et des divergences d'interprétation.

C'est surtout en matière de communauté d'acquêts que la question est importante, car ici tous les meubles sont exclus de la communauté, aussi est-ce à ce sujet que le Code a posé les principes et que les controverses se sont engagées; c'est par ce régime que nous allons donc commencer l'étude de la preuve des reprises mobilières.

1° *Communauté réduite aux acquêts.*

On sait que chaque époux peut avoir sur son mobilier reservé propre un droit de propriété actuel et individualisé, ce qui lui permettra d'exercer sa reprise en nature.

D'autre part il se peut que l'époux n'ait contre la communauté qu'une créance en reprise au lieu d'avoir droit à des objets déterminés ; c'est ce qui se produira au cas de propres imparfaits, c'est-à-dire lorsque les meubles sont devenus la propriété de la communauté, lorsqu'ils ont perdu leur individualité, par exemple lorsqu'il s'agit de sommes d'argent, de titres au porteur, de mobilier destiné à être vendu, de meubles estimés au contrat avec la mention que l'estimation vaut vente, etc.

Mais nous n'allons pas faire, en principe, comme pour les reprises d'immeubles, de distinction entre le cas de reprise en nature ou de reprise en valeur. En réalité la controverse qui s'élève domine et comprend les deux situations, parce que pour établir le montant des créances en reprise il faut rétablir la masse mobilière, il y aura donc encore ici une question d'identité.

Avant d'aborder la discussion du problème, nous allons pour plus de clarté, exposer d'abord les textes qui s'y rapportent, puis nous ferons l'histoire des doctrines, enfin dans une dernière section nous exposerons celle qui nous semble le mieux en accord avec l'évolution de la jurisprudence et de la doctrine.

Section 1. — *Les textes.*

L'exposition pure et simple des textes positifs qui se rattachent à notre question, soit dans le Code civil, soit dans le Code de Commerce avant tout raisonnement doctrinal, nous paraît indispensable.

Dans la controverse qui s'élève ils sont à chaque instant

invoqués. Leur examen impartial, dénué des préoccupations et des tendances qui naissent de la discussion nous permettra de les présenter d'abord dans toute leur simplicité, débarrassés et dégagés de toutes les complications et distinctions qu'engendrent les systèmes : nous verrons mieux quel est leur sens et leur sphère d'application. Cet exposé objectif des textes ne sera pas inutile comme préliminaire d'une étude où ils ont été tantôt trop souvent étendus au delà de leurs termes, tantôt interprétés d'une façon trop étroite et trop stricte suivant les besoins de la cause.

Textes du code civil. — Art. 1499. — Les rédacteurs du code civil ont jugé à propos de faire pour la communauté d'acquêts ce qu'ils n'ont pas fait pour la communauté légale et de déterminer certains modes de preuve auxquels on devrait recourir pour décider la question. C'est qu'en effet sous le régime de droit commun, les meubles ne sont qu'à l'état d'exception tandis qu'ils sont très nombreux et très importants sous la communauté d'acquêts. Aussi trouvons-nous un texte capital à propos de ce dernier régime, c'est l'article 1499 qui a pour objet de fixer le droit commun spécial à la matière. Cet article pose que « si le mobilier existant lors du mariage, ou échu depuis n'a pas été constaté par inventaire ou état en bonne forme, il est réputé acquêt ».

Le principe n'est donc pas douteux : c'est que tous les meubles possédés par le mari pendant le mariage et à la dissolution de la communauté, sont réputés acquêts, à moins qu'ils ne soient légalement prouvés être propres à l'un des époux.

C'est donc là encore une présomption d'acquêts analogue pour ce qui est du mobilier à la même présomption pour ce qui est des immeubles, en ce sens du moins qu'elles reposent sur un même principe ; mais sont-elles analogues encore au point de vue de leur caractère juridique et de la force probante qui s'en dégage ? C'est là précisément la question que nous avons à étudier.

En matière de communauté légale, en effet, l'art. 1402 pose la règle de tout immeuble est réputé acquêt à moins qu'il ne soit prouvé que l'un des époux en avait la propriété ou la possession légale antérieure au mariage ou qu'il lui est échu depuis à titre de succession ou donation ; la présomption est donc dans ce cas susceptible de preuve contraire puisque l'art. 1402 indique les faits qui peuvent être allégués pour les détruire. Mais il ne dit pas comment l'époux fera la preuve qu'il avait la propriété ou la possession légale de l'immeuble antérieurement au mariage, qu'il se trouve dans un cas constitutif de propre : c'est que la loi, avons-nous vu, a considéré que le droit commun suffit puisque régulièrement l'époux a un titre qui prouve que l'immeuble est propre.

Pour ce qui est de l'art. 1499 la présomption est sans doute encore susceptible de preuve contraire, au moins dans les deux cas cités par le texte, inventaire en état en bonne forme, ce sont les expressions de notre ancien droit, mais le défaut de ces deux modes de preuve légale, peut-il être suppléé par d'autres actes ? En dehors d'eux, la preuve contraire est-elle possible ?

C'est ce que l'art. 1499 ne dit pas expressément et ce sera là l'objet de cette étude sur la preuve.

Art. 1504. — A côté de ce premier texte d'une importance capitale nous en trouvons un autre qui apporte à l'exemple de l'ancien droit une exception considérable à la règle posée par l'article 1499. C'est l'article 1504 écrit à propos des clauses de réalisation, des clauses par lesquelles les époux se réservent propres tout ou partie de leur mobilier présent et futur. Cet article s'exprime en ces termes : « Le mobilier qui échoit à chacun des époux pendant le mariage doit être constaté par un inventaire. A défaut d'inventaire du mobilier échu au mari ou d'un titre propre à justifier de sa consistance et valeur, déduction faite des dettes, le mari ne peut en exercer la reprise. Si le défaut d'inventaire porte sur un mobilier échu à la femme, celle-ci ou ses héritiers sont admis à faire preuve soit par titres, soit par témoins, soit même par commune renommée, de la valeur de ce mobilier. »

Ainsi cet article se place dans l'hypothèse où des meubles sont échus aux époux par voie successorale au cours du mariage ; ils tombent sur le coup de la clause de réalisation et par suite peuvent être repris par les époux, mais la loi exige en principe la production d'un inventaire et cela sans distinction entre les conjoints. Puis l'article 1504 prévoit le cas où l'inventaire n'aurait pas été dressé et cette fois il donne des solutions différentes suivant qu'il s'agit de l'un ou de l'autre époux. Si la succession est échue au mari, il applique le droit commun de l'article 1499 : le mari ne peut faire sa preuve à défaut d'inventaire que par un titre propre à justifier de la consistance et valeur du mobilier.

Mais s'il s'agit de la femme il ne faut pas qu'elle souffre de la négligence du mari qui n'a pas fait dresser l'inventaire et l'art. 1504 consacre la solution de nos anciens auteurs : la femme à défaut d'inventaire sera admise à faire ses justifications par tous les moyens possibles, même au besoin par commune renommée. C'est la solution de Lebrun et de Pothier qui a passé dans notre Code, mais avec deux réserves considérables :

La première est que, tandis que certains auteurs comme Pothier avaient fini par admettre ces facilités de preuve même au profit du mari, le code civil, à l'exemple de Lebrun, les réserve seulement à la femme.

En second lieu, pour ce qui est de celle-ci, l'ancien droit appliquait le principe d'une preuve large et extensive même pour le mobilier apporté au moment du mariage. Ces facilités sont restreintes par l'art. 1504, au moins en apparence, au mobilier échu pendant le mariage et ce texte abandonne les apports, les meubles présents à l'application du droit commun spécial, c'est-à-dire à l'article 1499.

Tels sont les deux textes les plus importants du Code Civil en matière de reprises mobilières : l'un qui pose une règle générale, l'autre qui y apporte une exception, et ils se présentent sous la même forme que le principe formulé par nos anciens auteurs, c'est-à-dire que dans leurs termes, ils ne paraissent établir aucune distinction suivant qu'il s'agit d'une reprise en nature en vertu d'un droit de propriété ou d'une reprise en valeur en vertu d'un droit de créance. Enfin ils ne font aucune réserve pour le cas où la preuve doit s'établir soit à l'encontre de l'un des époux soit à l'encontre des créanciers de la communauté.

Art. 1414 *et* 1415. — Il convient maintenant d'étudier certains autres textes du Code qui sans avoir la même importance que les deux premiers ont cependant certains rapports avec la question de preuve.

Ce sont d'abord des articles écrits à propos de successions échues aux époux sous la communauté légale. Dans ce régime les dettes des successions sont à la charge de celui des patrimoines qui recueille l'actif, donc lorsque la succession est en partie mobilière et en partie immobilière, les dettes en définitive incomberont à la communauté dans la proportion de ce qu'elle a reçu, c'est-à-dire du mobilier qui lui échoit.

Mais en ce qui touche le droit de poursuite des créanciers héréditaires, l'époux héritier est toujours tenu de la totalité des dettes, sauf son droit à récompense contre la communauté. De même celle-ci peut être poursuivie pour tout le passif successoral sauf le cas où la femme a accepté avec l'autorisation de justice et où il y a eu inventaire de l'actif de la succession (art. 1416). Mais cette fois encore une récompense sera due à la communauté pour tout l'excédent qu'elle aura payé.

Il y a donc intérêt considérable pour les époux et pour la communauté à établir en vue du paiement de leurs récompenses respectives le montant du mobilier acquis par voie de succession et tombé en communauté.

C'est ainsi que se pose ici la question de preuve de la consistance du mobilier successoral. Il ne s'agit pas pour l'époux de réclamer ce mobilier comme lui appartenant ;

non, puisqu'il tombe en communauté d'après les règles générales ; il s'agit simplement d'en établir la consistance afin de déterminer le montant de la récompense à laquelle il prétend avoir droit pour l'excédent payé aux créanciers héréditaires. Ceci posé, cette fois encore la preuve, afin d'établir la base de la récompense, doit se faire par inventaire et dans ce but, la loi impose au mari l'obligation de dresser cet acte, soit de son chef pour les successions qui le concernent personnellement, soit comme administrateur des biens de la femme pour les successions recueillies par celle-ci (art. 1414, 2°).

Cet inventaire sera le seul mode de preuve qui sera permis au mari.

Quant à la femme elle ne doit pas être victime des négligences de son époux, aussi à défaut d'inventaire est-elle autorisée à faire sa preuve par tous les moyens possibles, même par commune renommée : « A défaut d'inventaire, dit l'article 1415, et dans tous les cas où ce défaut préjudicie à la femme, elle ou ses héritiers peuvent lors de la dissolution de la communauté poursuivre les récompenses de droit et même faire la preuve tant par titres et papiers domestiques que par témoins et, au besoin, par commune renommée de la consistance et valeur du mobilier non inventorié ». C'est la même facilité d'une preuve très large qu'autorise l'art. 1504 ; mais l'hypothèse est toute différente, puisqu'il ne s'agit pas ici d'une part de mobilier successoral, mais du montant d'une récompense due à la femme à propos d'une dette de succession. L'art. 1415 emploie des expressions d'une largeur absolue ; la preuve par commune renommée est permise, dit-il, dans les cas où le défaut d'inventaire préjudicierait à la femme : cela comprend donc d'abord le cas où la femme veut établir le montant des récompenses auxquelles elle a droit parce qu'elle aurait payé personnellement une dette tombée en communauté.

Il en serait encore de même s'il s'agit d'une récompense due par le mari à la communauté ; ce serait par exemple le cas lorsque la communauté a été poursuivie pour une dette qu'elle ne doit pas supporter ; la preuve favorable sera ici admise au profit de la femme.

Enfin cette largeur d'expressions signifie en outre qu'il en serait de même lorsque la femme invoquerait son droit à récompense même à l'encontre des créanciers, par exemple pour l'exercice de son hypothèque légale.

Donc nous voyons qu'en matière de récompenses la preuve pour ce qui est de la femme est aussi large que possible quels que soient ses adversaires.

Art. 1416 et 1417. — Toutefois il y a une catégorie de créanciers à l'égard desquels cette extension quant à la preuve n'est plus accordée à la femme. Il est vrai qu'il s'agit d'une hypothèse toute différente de celle à laquelle fait allusion l'article 1415. Il faut supposer qu'il s'agit d'une succession échue à la femme et acceptée avec l'autorisation de la justice : dans ce cas les créanciers héréditaires n'ont pas le droit d'exercer leurs poursuites sur les biens de la communauté.

Or, une partie de l'actif successoral qui était leur gage va tomber dans la masse à partager, ce son' les meubles. Il serait inadmissible à leur égard que ce mobilier ne restât pas leur gage pour le tout ; aussi la loi a-t-elle décidé qu'il resterait dans tous les cas affecté à leurs poursuites.

Ainsi donc si tout le mobilier successoral recueilli par la communauté continue à répondre des dettes héréditaires, il va falloir isoler cette catégorie de meubles des autres objets communs, sinon la communauté tout entière répondra des dettes.

C'est donc en réalité la même situation que nous avons vue en ancien droit à propos de la clause de séparation de dettes.

Il s'agit de limiter, de séparer le gage initial de certains créanciers pour le leur réserver. Il y a donc là encore une preuve à fournir par les époux à l'encontre de tiers, de créanciers et il faut une justification non suspecte qui donne d'une façon certaine le détail complet du mobilier échu afin qu'aucun objet compris dans le gage originaire n'échappe aux poursuites. Aussi la loi n'autorise-t-elle que l'inventaire et, à son défaut, nul autre mode de preuve n'est possible ; par suite dans l'impossibilité où l'on se trouve de reconstituer le gage, le droit des créanciers s'étend à toute la communauté. Telles sont les solutions des articles 1416-2° et 1417.

Art. 1510. — Cette même exigence de l'inventaire se trouve reproduite par l'article 1510 à propos de la séparation de dettes. Cette clause, on le sait, a pour objet de laisser à la charge de l'époux les dettes antérieures au mariage qu'il a contractées et qui de droit commun auraient du suivre le mobilier dans la communauté. Mais les créanciers gardent le droit de poursuivre leur paiement sur tout ce qui formait leur gage, c'est-à-dire même sur les meubles de leur débiteur devenus communs. Ici encore l'article 1510 impose la confection d'un inventaire ou la production d'un état authentique antérieur au mariage, sinon les créanciers peuvent poursuivre leur paiement sur le mobilier non inventorié comme sur tous les autres biens de la communauté (1). Bien entendu cet article est intéressant seulement lorsqu'il s'agit d'une clause réservant à la femme ses dettes antérieures; si la convention visait les dettes du mari, comme celui-ci administre la communauté et qu'en conséquence toute dette du mari est dette de la communauté, la question ne se poserait pas.

Donc il faut un inventaire ou un acte authentique comme en matière de succession au cas de l'article 1417.

La situation est du reste identique, il importe de bien le remarquer. C'est que dans les deux cas la preuve doit sans doute être faite à l'encontre des créanciers pour limiter leurs droits. Mais la question s'élève à propos d'une catégorie toute spéciale de créanciers ; il ne s'agit pas en effet de créanciers communs, ce n'est pas pour eux qu'on exige ici la preuve par inventaire ; il s'agit au contraire de créanciers qui n'ont aucun droit contre la communauté puisque les dettes ne sont pas tombées dans le passif commun ; il s'agit de créanciers en dehors de la communauté mais dont le gage a été absorbé par la communauté elle-même et alors, pour restreindre leur droit

1. Cet article 1510 est la reproduction de la règle admise en cette matière dans notre ancien droit et formulée par l'article 222 de la coutume de Paris.

de poursuite à leur gage initial, il faut un inventaire sinon ils pourront se faire payer sans distinction sur tous les meubles de la communauté. Il y a donc là une situation toute particulière et toute spéciale pour laquelle le code a établi un système de preuves anormal qui ne peut être étendu.

Art. 1502. — Il y a enfin dans le code civil un dernier article qui se rattache lui aussi à la question que nous étudions : c'est l'art. 1502. Il faut bien préciser l'hypothèse qu'il prévoit.

Ce texte suppose que des époux ont promis de verser en communauté leur mobilier jusqu'à concurrence d'une somme déterminée, c'est la promesse d'apport ou clause de réalisation indirecte. La communauté devient propriétaire de tous les meubles des époux ; seulement elle devra récompense pour tout ce qui excède la somme promise.

Or, la communauté qui a droit à cet apport peut en exiger le versement. Il s'agit donc de savoir comment le promettant est déchargé de son obligation. L'art. 1502 sous ce rapport distingue suivant qu'il s'agit du mari ou de la femme.

Si l'engagement provient du mari, la seule déclaration faite au contrat et portant indication de la valeur promise vaut comme preuve du versement qu'il devrait effectuer et cela, alors même que le contrat ne porterait pas la clause habituelle ordinaire, à savoir que la célébration du mariage vaut quittance. La raison de cette décision est une raison de fait : le mari est administrateur de la communauté et c'est lui qui doit recevoir l'apport promis, or, il ne peut se donner quittance à lui-même ; ç'eut été une formalité absolument vaine.

Pour la femme au contraire, elle n'est déchargée de son obligation que si elle présente une quittance du mari. Le plus souvent du reste, il est déclaré au contrat que la célébration du mariage vaudra quittance et la jurisprudence admet qu'il y a là une preuve absolue de paiement. Tels sont les textes du code civil.

Textes du code de commerce. — Mais la loi des faillites est venue établir des règles spéciales à la preuve en ce qui touche la preuve des reprises mobilières de la femme du failli. Elles se trouvent exposées dans les articles 560 et 563 du code de commerce actuel. En voici les termes :

Art. 560. — « La femme pourra reprendre en nature les effets mobiliers qu'elle s'est constitués par contrat de mariage ou qui lui sont advenus par succession, donation entre vifs ou testamentaire et qui ne sont pas entrés en communauté, toutes les fois que l'identité en sera prouvé par inventaire ou tout autre acte authentique. A défaut, par la femme de faire cette preuve tous les effets mobiliers tant à l'usage du mari qu'à celui de la femme, sous quelque régime qu'ait été contracté le mariage seront acquis aux créanciers, sauf aux syndics à lui remettre avec l'autorisation du juge-commissaire les habits et linges nécessaires à son usage ».

Art. 563. — « Lorsque le mari sera commerçant au moment de la célébration du mariage, ou lorsque n'ayant pas alors d'autre profession déterminée il sera devenu commerçant dans l'année, les immeubles qui lui appartenaient à l'époque de la célébration du mariage ou qui seraient advenus depuis, soit par succession, soit par donation entre vifs ou testamentaire, seront seuls soumis à l'hypothèque de la femme :

1° Pour les deniers qu'elle aura apportés en dot ou qui lui seront advenus depuis le mariage par succession ou donation entre vifs ou testamentaire, et dont elle prouvera la délivrance ou le paiement par acte ayant date certaine. 2° Pour le remploi de ses biens aliénés pendant le mariage. 3° Pour l'indemnité des dettes qu'elle a contractées avec son mari ».

Il suffit de lire ces textes pour remarquer que le code de commerce établit formellement deux distinctions qui semblent échapper aux dispositions du code civil. C'est qu'ici nous abordons un point de vue spécial, celui des intérêts exclusifs des créanciers de la communauté que jusqu'à ce moment nous n'avons pas vus en cause.

Il s'agit en effet du cas où le mari commerçant est en faillite et alors le conflit va s'élever entre la femme et la masse des créanciers. Le régime particulier auquel sont soumises les reprises de la femme est établi uniquement dans le but de sauvegarder leurs droits et de rendre impossible toute fraude des époux en vue de soustraire certains biens à l'actif de la faillite ou de grossir le montant des reprises que garantit l'hypothèque légale de la femme. Nous voyons ainsi apparaître dans la question de preuve une première distinction suivant que le conflit s'élève entre époux ou vis-à-vis des tiers.

Il y en a une seconde. Les deux dispositions de la loi des faillites prévoient chacune une hypothèse différente ;

l'une suppose que la femme veut exercer ses reprises en nature, c'est l'art. 560 ; l'autre, l'art. 563, vise au contraire le cas où elle aurait lieu en valeur puisqu'il s'agit pour la femme de l'exercice de son hypothèque légale.

Cette distinction semble elle aussi, au moins en apparence absolument étrangère au Code civil, elle n'apparaît nulle part dans la rédaction des articles qui règlent la question de preuve.

Art. 560. — Après ces observations préalables, examinons les textes de la loi des faillites et tout d'abord voyons l'hypothèse à laquelle l'article 560 fait allusion.

Pour bien saisir toute la portée de cette disposition il est indispensable de la comparer à l'article 554 du code de commerce de 1807 qu'elle est venue remplacer. Voici quelle était la rédaction du texte primitif : « Tous les meubles meublants, effets mobiliers, diamants, tableaux, vaisselle d'or et d'argent et autres objets tant à l'usage du mari qu'à celui de la femme sous quelque régime qu'ait été formé le contrat de mariage, seront acquis aux créanciers sans que la femme puisse en recevoir autre chose que les habits et linges à son usage qui lui seront accordés d'après les dispositions de l'article 529. Toutefois la femme pourra reprendre les bijoux, diamants et vaisselle qu'elle pourra justifier par état légalement dressé, annexé aux actes ou par bons et loyaux inventaires, lui avoir été donnés au contrat de mariage ou lui être advenus par succession seulement. »

Ainsi cet ancien article était très rigoureux en ce sens qu'il n'autorisait la reprise qu'en matière d'effets mobiliers au sens strict du mot, de meubles meublants, et encore exigeait-il que l'identité en fût constatée par bon et loyal inventaire (1).

L'article 560 actuel est venu atténuer ces rigueurs. Il admet que la femme pourra reprendre en nature tous les effets mobiliers dont elle a conservé la propriété individualisée sans distinction ni réserve. Mais quant à leur identité et leur consistance, elle devra être toujours établie par un inventaire ou un acte authentique, ce sont les propres termes de la loi.

A première vue, il semble que l'article 560 ait voulu simplement élargir l'ancien article 554, qu'il ait eu pour but d'appliquer à la femme du failli les règles du droit commun de l'article 1499 et l'apparence est assez conforme à cette façon de voir, car l'article 1499 paraît exiger pour combattre la présomption d'acquêt un inventaire ou un état en bonne forme ; or l'article 560 impose également pour permettre la reprise en nature l'inventaire ou l'acte authentique.

Ce serait cependant une erreur, car il existe entre ces deux dispositions des différences de rédaction capitales.

Et tout d'abord, l'article 560 du Code de commerce exclut formellement tout mode de preuve autre que l'inventaire ou l'état authentique.

L'article 1499 n'est pas aussi exclusif dans ses termes et précisément on se demande si, en dehors des deux

1. Lyon-Caen et Renault. *Précis de droit commercial*. t. II, p. 871.

Renouard, *Droit commercial*, p. 300 et suiv.

Bravard et Demangeat, *Droit commercial*, t. V, p. 526 et suiv.

actes qu'il énumère pour renverser la présomption d'acquêt, tout autre procédé de preuve doit être écarté. C'est
l'objet même de notre étude.

Mais il y a une seconde différence. C'est que l'article
560 en dehors de l'inventaire ne permet que l'acte authentique ; or si nous lisons l'article 1499, il ne s'exprime
plus ainsi, il ne parle plus d'acte authentique ; à défaut
d'inventaire il exige simplement un état en bonne forme.
C'est très différent et il importait en vue de la discussion
doctrinale d'en faire l'observation.

Art. 563. — Examinons maintenant l'article 563 qui
prévoit le cas où la femme agit non plus comme propriétaire mais comme créancière hypothécaire.

Les causes qui peuvent donner à la femme le droit
d'agir dans la faillite et de mettre en œuvre son hypothèque légale peuvent être d'abord la dissolution de la communauté par suite d'un jugement de séparation de biens.
Mais en dehors de cette hypothèse il se peut que les immeubles du mari soient vendus à la requête des créanciers de la faillite et que la femme se présente à l'ordre,
non dans le but de toucher immédiatement ses reprises,
il faut attendre pour celà la fin de la communauté, mais
pour se faire réserver et faire consigner les sommes qui
lui seraient dues de ce chef.

Or en tant que la femme exerce ses reprises comme
créancière chirographaire, la loi des faillites ne prend à
son égard et contre elle aucune mesure de défiance, elle
la laisse sous le bénéfice du droit commun. Si la femme
n'exerce pas son hypothèque, elle échappe absolument au
système de preuves rigoureuses de l'art. 560 en matière

de reprises en nature. C'est que lorsque la femme agit comme propriétaire, elle retire intégralement ce qui lui appartient, elle exerce un droit de préférence, et même le plus complet des droits de préférence, celui de propriété, la loi ne l'admet qu'avec une preuve très sûre. Si au contraire la femme est simplement créancière chirographaire, elle reste soumise à la loi de concours et il est juste de ne pas lui faire une situation inférieure à celle d'un créancier ordinaire et de la laisser pleinement sous le bénéfice du droit commun (1).

Mais il y a une situation intermédiaire, c'est celle où la femme se prévaut de son hypothèque légale. Elle exerce à l'encontre des créanciers un droit de préférence qui n'est pas le même que celui que prévoit l'art. 560, aussi la loi des faillites sans se montrer aussi sévère que lorsqu'il s'agit de l'exercice du droit de propriété, devait-elle se soucier de l'intérêt des tiers et exiger une preuve non suspecte. Voici alors ce que décide l'article 563.

Il restreint d'abord aux immeubles qui appartenaient au mari au jour de la célébration du mariage ou qui lui seront advenus depuis par succession ou donation l'hypothèque légale, ce n'est pas notre question.

La deuxième solution, qui limite les créances pour le paiement desquels la femme peut se prévaloir de l'hypothèque, ne nous intéresse pas non plus.

Mais voici la troisième. Le texte déclare que lorsque la femme invoquera son droit de préférence elle devra

---

1. Lyon-Caen et Renault. *Précis de droit commercial*, t. II, p. 876.

fournir une preuve spéciale, une preuve relativement rigoureuse : il lui faudra établir la délivrance ou le paiement des effets mobiliers apportés en dot par un acte ayant date certaine sans qu'il soit nécessaire que ce soit un acte authentique comme l'exigeait l'article 551 du Code de Commerce de 1807 que l'article 563 est venu remplacer (1).

Ainsi la loi des faillites est moins rigoureuse au point de vue de la preuve quand il s'agit pour une femme d'exercer son hypothèque légale que lorsqu'elle agit en qualité de propriétaire. Nous sommes en présence ici d'une reprise en valeur et non d'une reprise en propriété et les actes exigés comme preuve sont d'une nature très différente suivant qu'il s'agit de l'un ou l'autre cas. En effet l'article 560 ne s'occupe pas de l'acte par lequel il serait établi que les apports auraient été versés dans la communauté, l'inventaire dont il est question c'est l'acte qui accompagne la promesse d'apport, c'est l'acte constitutif de la preuve de propriété, ce n'est pas l'acte de délivrance et l'acte du paiement. C'est que, s'agissant d'objets revendiqués en nature, identifiés, spécialisés, du moment qu'ils se retrouvent dans le patrimoine de la communauté à la dissolution de la commu-

---

1. Ancien art. 551. « La femme dont le mari était commerçant à l'époque de la célébration du mariage n'aura hypothèque pour les deniers et effets mobiliers qu'elle justifiera par actes authentiques avoir apporté en dot, pour le remploi de ses biens aliénés pendant le mariage et pour l'indemnité des dettes par elle contractées avec son mari que sur les immeubles qui appartenaient au mari à l'époque ci-dessus ».

nauté et que leur identité est établie par l'inventaire c'est la preuve qu'ils ont été versés dans la communauté.

Au contraire, lorsqu'il s'agit de reprises en valeur, il ne peut plus être question d'objets individualisés dont l'identité soit reconnaissable et par suite de ce que l'objet a été promis rien ne prouve qu'il ait été versé dans la communauté. Donc la preuve exigée par la loi, c'est la preuve effective du paiement porté au contrat ou dans l'acte de partage.

L'article 563 exige pour ce second cas une preuve ayant date certaine. Cette mesure a pour but d'écarter la possibilité d'un concert frauduleux entre les époux menacés d'une faillite et d'empêcher la rédaction de quittances antidatées constatant le paiement d'un mobilier qui ne serait jamais entré en réalité dans la masse commune.

Telles sont les bases et les données de la discussion : il importe maintenant avant d'en aborder l'étude de montrer comment la question s'est posée et ce qui en forme les termes essentiels.

SECTION II. — *Position du problème*

Le problème de la preuve des reprises mobilières a été de bonne heure formulé soit en doctrine, soit en jurisprudence dans des termes qui manquent un peu de précision.

Nous avons vu que l'art. 1499 établissait une présomption de propriété en faveur de la communauté et alors la question telle qu'on la pose généralement consiste à se demander s'il y a là une prescription *juris et de jure* absolue, irréfragable ou au contraire si elle admet la preuve contraire.

Ainsi présentée la question manque de netteté puisque déjà l'art. 1499 admet que la présomption peut être écartée lorsqu'il y a un inventaire ou un état en bonne forme.

Donc le vrai problème consiste à se demander si à défaut de ces deux actes l'époux pourra prouver son droit à la reprise par d'autres procédés ou au contraire s'ils sont les deux seuls modes de justifications autorisés pour faire tomber la prescription d'acquêt.

La question en apparence peut paraître surprenante, car la disposition de l'art. 1499 semble bien limitative. Le texte pose en effet comme principe que tous les meubles sont réputés acquêts, puis il ajoute que dans deux cas cependant la présomption s'efface et disparaît : s'il y a un inventaire ou un état en bonne forme. A quoi servirait donc cette énumération si elle n'était pas limitative, si elle pouvait permettre encore d'autres moyens de preuves? S'il en était ainsi l'art. 1499 eut été rédigé d'une façon absolument analogue à l'art. 1402 en matière d'immeubles. Tel qu'il se présente dans ses termes il semble donc s'opposer à toute possibilité d'un élargissement des procédés de preuve.

Sans doute, mais il importe de remarquer que cet article n'est pas aussi formel qu'il le paraît et qu'il pourrait très bien se prêter à une interprétation toute différente.

Et d'abord si on le compare à l'art. 560 du Code de commerce il ressort de ce rapprochement que l'art. 1499 n'est pas aussi net, ni aussi absolu que la disposition de la loi des faillites. L'art 560, en effet, après avoir exigé l'inventaire ou l'acte authentique, ajoute qu'à défaut de cet acte la présomption sera maintenue et que les effets mobiliers seront acquis aux créanciers de la faillite. L'art. 1499 est loin d'être aussi exclusif, nous l'avons déjà constaté ; il déclare seulement qu'à défaut d'inventaire tous les meubles seront présumés acquêts ; celà peut paraître une simple présomption et de droit commun les présomptions, à moins que la loi n'ait dit le contraire, sont susceptibles d'être combattues par la preuve contraire (art. 1352). De sorte qu'*a priori*, en partant du droit commun nous serions en présence d'une présomption ordinaire qui peut être écartée par la preuve opposée. D'après cette interprétation, si la loi a visé d'une façon spéciale l'inventaire et l'état, ce serait pour indiquer que si ces actes existent, la présomption en faveur de la communauté est renversée ou même plutôt ne s'est jamais formée ; s'il y a une présomption c'est en faveur de l'époux qui présente ces titres. Mais s'ils font défaut le mobilier est censé appartenir à la communauté, c'est à l'époux à démontrer le contraire et pour celà, tous les procédés de preuve du droit commun lui seraient permis.

Ainsi la possibilité de ces deux interprétations de l'art. 1499 explique comment et pourquoi le problème s'est posé : il fallait choisir entre elles. Ou on appliquera cette disposition étroitement, rigoureusement, dans ses termes ou au contraire il faudra l'élargir, l'assouplir en permettant de recourir à d'autres procédés de preuve que ceux qu'elle énumère. Telle est donc la question et de bonne heure la jurisprudence et les auteurs s'y sont attachés et ont tenté d'en donner la solution.

Nous allons donc passer en revue les diverses théories' les divers systèmes qui ont pris naissance à son sujet.

Nous exposerons d'abord la doctrine de M. Laurent.

Section III. — *Doctrine de M. Laurent.*

M. Laurent paraît être le seul qui se soit arrêté à l'interprétation étroite et rigoureuse d'une présomption légale n'admettant pas la preuve contraire en dehors de l'inventaire ou de l'état en bonne forme. Pour lui, le texte ne prête à aucun amendement, il ne faut pas chercher à l'étendre et à réformer la loi, ceci est l'affaire du législateur et non de l'interprète. Il n'y a donc qu'à s'en tenir aux termes mêmes de notre disposition : les seuls modes de preuve qui peuvent renverser la prescription d'acquêt sont l'inventaire et l'état, le texte est impératif.

M. Laurent se demande alors ce qu'il faut entendre par ces deux actes. L'inventaire, d'abord, doit être authentique, cela n'est pas douteux, car cet acte est destiné à prévenir les contestations qui pourraient s'élever sur la consistance du mobilier et pour atteindre ce but, il faut l'intervention d'un notaire.

Pour la même raison, ajoute-t-il, l'état en bonne forme doit s'entendre d'un acte authentique.

Tel est le système de M. Laurent sur l'art. 1499 : il est à remarquer qu'il ne fait aucune distinction suivant que le conflit s'élève entre époux ou créanciers un mode d'interprétation lui imposait une solution unique.

Enfin, il va plus loin, il va jusqu'à imposer l'application étroite de cet article lorsque la femme revendique à l'encontre de son mari du mobilier échu pendant le mariage il refuse ainsi à la femme le bénéfice de l'art. 1504 qu'il entend n'appliquer qu'aux clauses de réalisation proprement dites.

Pour cela, M. Laurent s'appuie sur la rédaction même de l'art. 1499 qu'il applique à la lettre (1). La loi ne distingue en rien suivant qu'il s'agit d'apports ou de mobilier futur : « Si le mobilier *existant lors du mariage ou échu depuis* n'a pas été constaté par inventaire en état de bonne forme, il est réputé acquêt ». (a. 1499). Ainsi, dit-il non seulement la loi n'établit aucune distinc-tinction entre le mobilier présent et le mobilier à venir, mais elle la repousse formellement.

Donc dans tous les cas, le mobilier ne peut être repris que s'il a été constaté et détaillé dans un inventaire ou un état authentique.

Ce système nous paraît inadmissible en théorie et surtout irréalisable en pratique.

Son application serait pour les époux et en particulier pour la femme une source de difficultés incessantes et de dangers. Il lui créerait une situation inférieure et bien sacrifiée en ce qui concerne le mobilier qui lui échoit au cours du mariage ; la femme serait livrée à la discrétion et à la merci du mari pour ce qui est de la preuve de ses reprises.

Quant à l'exigence de l'inventaire ou de l'acte authen-

1. Laurent, t. 23, n° 181.

tique elle nous paraît bien rigoureuse avec la généralité que lui donne M. Laurent. Dans les rapports des époux entre eux elle ne se comprend nullement, puisque, si le code a entendu déroger au droit commun, c'est uniquement dans l'intérêt des tiers.

Au point de vue doctrinal, il importe de remarquer que M. Laurent, qui prétend appliquer l'article 1499 à la lettre, l'interprète en dehors de ses termes en traduisant état en bonne forme par acte authentique ; le texte ne dit pas cela.

Enfin ce système nous paraît donner de l'article 1504 une interprétation bien peu juridique et bien peu conforme à l'esprit de la loi. C'est que dans l'hypothèse de la communauté d'acquêts la situation des époux est la même que dans celle d'une clause de réalisation puisque la communauté d'acquêts n'est qu'une combinaison des clauses de séparation des dettes et de réalisation. Celà est si vrai que dans les contrats de mariage, lorsque les époux voulaient adopter la communauté d'acquêts, les notaires, au commencement du siècle, commençaient par faire stipuler aux futurs la communauté légale, puis ils ajoutaient les deux clauses dont nous avons parlé. Quant à la femme, la nécessité de protéger ses droits acquis pendant le mariage s'impose dans un cas comme dans l'autre et si jamais un texte a pu s'étendre par analogie, c'est bien l'article 1504.

Nous reviendrons du reste sur cette question ; mais il importait de signaler les points où la théorie de M. Laurent nous a semblé en défaut et les conséquences impossibles auxquelles elle aboutit.

Section IV. — *La jurisprudence.*

La jurisprudence n'a pas suivi la doctrine de M. Laurent et elle s'est montrée beaucoup moins rigoureuse dans l'application de l'art. 1499. Est-ce à dire pour celà qu'elle ait accepté purement et simplement l'interprétation large et extensive de ce texte et qu'elle ait autorisé dans tous les cas les modes de preuve du droit commun ? Nullement. Elle n'a pas été aussi radicale : elle a adopté un système mixte et posé les bases d'une distinction très nette.

1° Si le conflit s'élève entre les époux, la jurisprudence considère que l'art. 1499 n'établit qu'une présomption susceptible de preuve contraire qui peut être faite par tous les moyens de droit commun, car la loi n'a pas entendu établi ici une présomption *juris et de jure* et interdire aux parties de suppléer à l'inventaire et à l'état par d'autres preuves. C'est ainsi qu'il faut admettre comme des justifications suffisantes les présomptions, l'aveu, la preuve testimoniale avec commencement de preuve par écrit au-dessus de 150 francs. Nous verrons même qu'un certain nombre d'arrêts sont allés jusqu'à accorder à la femme l'emploi de la preuve exorbitante du droit commun, de l'enquête commune renommée, par une application extensive de l'art. 1504.

Il faut ajouter du reste que la jurisprudence revient sur cette dernière solution.

Mais, pour ce qui est du mobilier échu pendant le mariage et en tant qu'il s'agit de la femme, tous les **arrêts**

sont unanimes à admettre au cas de communauté d'ac-
quits l'application de l'art. 1504 qui permet la preuve
large et facile par commune renommée.

2° Mais lorsque la preuve doit se faire à l'égard des
tiers à l'encontre des créanciers, la présomption d'acquêts devient absolue ; elle ne peut disparaître que par
les procédés énumérés dans l'article 1499, l'inventaire et
l'état en bonne forme, c'est-à-dire l'acte authentique. Et
il en est ainsi même lorsqu'il s'agit des meubles futurs
de la femme. Pour qu'il y ait lieu d'appliquer l'article
1504 la jurisprudence suppose qu'il s'agit de preuve entre
les époux, mais si la femme veut établir ses droits en
face des créanciers, l'article 1504 n'intervient plus, il
faut encore ici l'inventaire (1).

Tel est le résumé du système qui se dégage des arrêts
et qui a été adopté longtemps presque à l'unanimité de
la doctrine (2).

Voyons donc maintenant le fondement de cette distinction qui semble si peu d'accord avec les termes de l'article 1409, puisque cet article, nous l'avons vu, paraît
viser collectivement les deux hypothèses et donner une
solution unique sans aucune espèce de réserve.

Ce n'est donc pas dans ce texte que nous pourrons
trouver les bases du système.

1. S. 1853-2-243.

. Cit ons parmi ceux qui ont suivi la solution de la jurisprudence
et construit la théorie : MM. Troplong, t. 3 n°ˢ 1885-1886, Rodière et
Pont, t. 2, n° 1275. Aubry et Rau, t. 5, § 522. Colmet de Santerre,
t. 6, n· 102 *bis*.

Les arrêts, en effet, prétendent que cet article n'a pas entendu à lui seul définir quels seraient les caractères et la force probante de la présomption qu'il pose. Son seul but aurait été de déclarer dans quel cas il y a présomption d'acquêt ; voilà tout. Mais pour ce qui est de sa valeur et de sa force probante, c'est un point qui résulte des principes généraux et de l'ensemble des dispositions du code civil sur la matière.

Or, en principe, le droit commun doit s'appliquer, tous les modes de preuve sont admissibles, en réalité la jurisprudence accepte comme point de départ la deuxième interprétation que nous avons exposée de l'art. 1499, celle d'une présomption légale susceptible de preuve contraire en dehors des deux procédés qu'il énumère (1).

Certains auteurs (2) ont cru que si la jurisprudence n'exigeait pas un acte authentique dans les rapports des époux entre eux c'était parce qu'elle ne prenait pas l'expression d'état en bonne forme comme synonyme d'acte

---

1. Telle est bien la conception de la jurisprudence ; c'est ainsi qu'un arrêt de la Cour de cassation du 20 avril 1885 (D. 1885-1-312 déclare « que si la loi n'a pas entendu établir dans l'art. 1499 une présomption *juris et de jure* dans les rapports des époux entre eux, ni interdire de suppléer au défaut d'inventaire ou d'état en bonne forme du mobilier par d'autres preuves dont l'appréciation appartient aux tribunaux, l'admission de ces preuves n'en est pas moins soumise au droit commun sans autre exception que celle résultant de l'art. 1504 ».

2. M. Petiet. *De la preuve en matière de reprises matrimoniales*, n° 75. — M. Olivier. *De la preuve des reprises matrimoniales.* (Thèse 1889) p. 42.

notarié et qu'elle attribuait à ce mot un sens très élargi, qu'elle considérait que la preuve par état en bonne forme résultait de la production de tout titre, même sous seing privé. C'est se méprendre sur la véritable signification des arrêts : la jurisprudence n'a pas voulu fonder sa théorie et ses solutions sur l'interprétation de l'expression état en bonne forme. Elle est partie, nous l'avons vu d'un point de vue tout différent : l'art. 1499 énonce la présomption que tout meuble est présumé acquêt, c'est tout ce qu'il a voulu dire ; or il est de principe qu'à moins de disposition formelle toute présomption peut être combattue par la preuve contraire.

Mais ceci posé, il y a un texte du code qui vient faire une brèche considérable à ce principe et qui nous montre dans quels cas la possibilité des preuves du droit commun cesse, dans quels cas la présomption de l'art. 1499 devient absolue et irréfragable : c'est l'art. 1510 relatif à la clause de séparation de dettes. Cet article pour la jurisprudence est le texte capital de la matière et la base de la distinction qu'elle établit entre les reprises suivant qu'elles sont réclamées vis-à-vis de conjoint ou vis-à-vis des tiers. Cette disposition, dit-on, exige toujours, à l'égard des créanciers, la production d'un inventaire ou d'un acte authentique et cette règle est applicable non seulement en matière de clause de séparation de dettes, mais aussi lorsqu'il s'agit de soustraire aux créanciers le patrimoine mobilier prétendu propre.

Du reste, ajoute-t-on, l'article 560 code comm. qui exige pour les reprises de la femme du failli la représentation d'un acte authentique est une preuve de la généralité de l'art. 1510 pour tous les cas où la question s'élève à l'égard des tiers : il en est l'application ; et que l'on ne vienne pas objecter qu'il s'agit ici d'un droit spécial à la faillite ; il aurait pu en être ainsi si la loi de 1838 avait augmenté les rigueurs, mais au contraire elle est venue atténuer les sévérités de l'ancien article 554 du Code de commerce qui n'autorisait la reprise que pour les meubles meublants, elle a entendu simplement ramener la femme à l'application du droit commun établi dans les rapports avec les créanciers, c'est-à-dire à l'application de l'art. 1510 (1).

Ce texte serait donc la disposition capitale lorsqu'il s'agit de reprises à l'égard des tiers et les rigueurs qu'elle impose se justifieraient par la nécessité de prévenir les fraudes que les époux pourraient commettre en soustrayant à l'action des créanciers de prétendus apports qui seraient en réalité des biens de communauté.

1. Voici ce que dit l'arrêt que nous avons déjà cité. (S,1853-2-212):
« Attendu qu'en cette matière l'esprit de la loi *est clairement révélé par l'art. 1510* qui définissant les droits de créanciers de l'un et de l'autre des époux porte expressément qu'ils peuvent poursuivre le paiement sans distinction si le mobilier non inventorié, etc., etc. »
Cet arrêt fut déféré à la Cour de Cassation et la chambre civile en approuva la doctrine, 19 juin 1855, S. 1855-1-505 : « Attendu qu'aux termes des art. 1498 et 1499 et plus spécialement de l'art. 1499, si le mobilier échu aux époux n'a pas été constaté par un inventaire ou état en bonne forme, il est réputé acquêt et que par suite *suivant l'art. 1510 qui est le complément ou l'interprétation naturelle de l'art 1499* les créanciers du mari peuvent poursuivre le paiement sur le mobilier échu à la femme lorsqu'il n'a pas été constaté par un inventaire ou état authentique ».

Il faudrait donc toujours vis-à-vis des tiers la production d'un inventaire ou d'un état authentique et c'est cette dernière expression de l'art. 1510 qui permet à la jurisprudence d'exiger l'authenticité de l'état dont parle l'article 1499.

Tel est le raisonnement doctrinal des partisans de ce système. Concluons donc. La jurisprudence part du principe que l'art. 1499 ne règle qu'une question de présomption sans chercher à en établir la valeur et la force probante qui reste soumise au droit commun. Donc les époux dans leurs rapports entre eux pourront combattre la présomption d'acquêt par tout moyen de preuve, et par la commune renommée au cas de l'article 1504.

Mais lorsque le conflit s'élève à l'égard des créanciers il faut ici encore appliquer le droit commun, mais le droit commun spécial à la matière tel qu'il résulte de l'art. 1510. Il faut donc dans cette hypothèse, sans aucune espèce de réserve ou de distinction, un inventaire ou un état authentique pour triompher dans la demande, même s'il s'agit pour la femme de son mobilier échu au cours du mariage.

A première vue ce système est très séduisant et il paraît concilier à merveille les divers intérêts en cause : toutes les rigueurs de la loi sont réservées pour le cas où il s'agit de faire la preuve contre les créanciers, cela est très juste et très légitime ; au contraire il n'y a plus de raison pour imposer les mêmes sévérités à l'égard des époux entre eux, ils restent sous l'empire du droit commun.

Néanmmoins la femme, par la situation que lui fait le

mariage, se trouvant livrée à la discrétion du mari quant à la preuve du mobilier acquis au cours du mariage, il est équitable de lui permettre dans ce cas l'emploi d'une preuve plus favorable et plus facile que celle résultant du droit commun. Il semble donc que tous les intérêts sont mis d'accord et en apparence le système paraît très pratique.

Critique du système de la jurisprudence. — Mais si on l'analyse de près on voit qu'il aboutit à des conséquences inacceptables : d'une part, il est trop défavorable à la femme lorsque le débat s'élève contre les tiers; d'autre part, il lui est presque trop favorable lorsque le conflit s'engage avec le mari.

Et d'abord, à l'égard des créanciers, la jurisprudence ne permet, pour écarter la présomption d'acquêt, que l'inventaire ou l'acte authentique contenant le détail et la description du mobilier. Cette rigoureuse application de l'article 1510 engendre des résultats inadmissibles.

Imaginons d'abord que la femme avait une créance établie par un billet sous-seing privé, ayant acquis date certaine par l'enregistrement ou par le décès du débiteur mais qui n'avait pas été constaté dans un inventaire en état authentique.

Ou bien encore on peut supposer une créance représentée encore par un billet ayant acquis date certaine avant l'ouverture de la succession du créancier, succession échue à la femme et le billet n'a pas été visé dans un inventaire ou dans un partage notarié dressé après le décès du *de cujus.*

Dans ces deux hypothèses, si la femme veut à la dissolution de la communauté reprendre sa créance dont le montant est encore dû, à l'égard des créanciers l'acte sous-seing privé ayant date certaine sera sans valeur, il aurait fallu un acte authentique! Une pareille solution est inacceptable car la date certaine est une garantie très suffisante, la rigueur de la jurisprudence est vexatoire et inutile (1).

De même pour les valeurs nominatives appartenant aux époux antérieurement au mariage; il faut du reste avouer que la question ne se présentera guère pratiquement, car il est d'usage de les constater dans le contrat. Mais enfin supposons que ces valeurs n'aient pas été mentionnées, il faudra encore si l'on est logique admettre que l'acte de transfert sur les registres de la société est une preuve insuffisante à l'égard des tiers si ces titres n'ont pas fait l'objet d'un inventaire ou d'un acte authentique et cependant la déclaration de transfert présente tous les caractères d'une preuve d'une certitude absolue.

Voilà donc des conséquences pratiques tout à fait inadmissibles auxquelles conduit le système de la jurisprudence. Ce n'est pas tout.

On sait que l'énumération faite dans le contrat de mariage des divers effets mobiliers qui restent propres, en permet la reprise puisque le contrat est un acte authentique et qu'il contient le détail et la description des objets de telle sorte que leur identité peut-être établie sans difficulté.

___

1. Baudry-Lacantinerie. *Traité du contrat de mariage*, tome II, page 684.

Mais il arrive souvent que le contrat ne contient pas l'énumération des meubles propres et on se contente d'une déclaration que le mobilier de l'un ou de l'autre époux est de telle valeur ; cette estimation, on le sait, ne suffit pas pour transférer la propriété du mobilier à la communauté ; il se peut donc qu'il y ait des meubles parfaits, et par suite que la reprise se fasse en nature ; il n'est pas douteux dans ce cas que l'époux ne pourra l'exercer faute de description permettant d'établir l'identité du mobilier (1). Mais la reprise en valeur, la reprise de la somme portée au contrat serait-elle possible ? La jurisprudence l'admet pleinement dans les rapports des époux entre eux. Mais vis-à-vis des créanciers la déclaration contenue au contrat serait insuffisante pour permettre à la femme d'exercer sa reprise parce que rien ne prouve que l'estimation vise une valeur qui ait versée en communauté. Ce peut n'être qu'une promesse d'apport et alors la preuve du versement ne devrait ressortir que d'une énumération détaillée qui permette d'en rétablir la base, qui permette de reconstituer l'individualité des meubles actuellement en communauté et cette preuve ne peut ressortir à l'égard des tiers que d'un inventaire détaillé. De sorte que pour la jurisprudence, l'inventaire ou l'acte authentique sont nécessaires non seulement pour les reprises en nature mais aussi pour justifier les reprises en valeur et en établir le fondement (2).

1. Aubry et Rau, tome 5. § 522, — Guillouard, tome 3. n° 1486.

2. Cour de Cassation, ch. des req. 16 mai 1899. Sirey,1900. 1.103. S. 1900. 1.113. Voir aussi un arrêt de la cour de Besan-

Remarquons enfin que les mêmes solutions devraient
être adoptées pour les reprises en valeur relatives au
mobilier provenant au cours du mariage de succession ou
de donation.

Nous savons en effet que d'après la Jurisprudence,
l'art. 1504 n'est pas applicable lorsque la femme se trouve
en présence des créanciers et qu'elle veut reprendre en
nature ses effets mobiliers. La seule ressource qui lui
resterait serait d'en demander la valeur. La conséquence
logique du système de la Jurisprudence est de s'opposer
encore ici à l'emploi de la commune renommée pour établir les bases de la créance de la femme. Il peut se faire
en dehors de cette hypothèse qu'il ne lui soit du qu'une
valeur parce que l'ensemble de la succession est devenu
la propriété de la communauté. Si la femme ne fournit
pas un inventaire justifiant non seulement de la provenance,
mais de l'identité de ce mobilier la femme ne pourra
exercer sa reprise en alléguant son hypothèque légale ;
l'art. 1504 ne s'applique pas.

C'est donc tout le système de preuves et de garanties
établi au profit de la femme établi par cet article qui est
annulé et non avenu.

Telles sont les conséquences pratiques défavorables

çon du 24 février 1897. D. 1897. 2.222. Il résulte de cet arrêt que
le notaire qui rédige un contrat de mariage ne doit pas se contenter
d'estimer en un seul chiffre les apports mobiliers, il doit inventorier les effets ou dresser l'état exact des valeurs, sinon il méconnaît
ainsi la prescription des art. 1499 et 1510 et contrevient à ses devoirs
professionnels.

à la femme qu'engendre le système de la Jurisprudence.

Mais, à l'inverse, il a peut-être une tendance à se montrer trop facile dans les rapports entre époux. Voici comment : l'art. 1504 est écarté lorsque le conflit s'engage avec les tiers, son champ d'application se restreint donc au cas où les reprises s'exercent entre les conjoints ; or, sur ce point, la jurisprudence a pendant longtemps étendu outre mesure les faveurs que cet article accorde à la femme : cette disposition permet à celle-ci d'établir par tous les moyens, par titres, témoins et même par la commune renommée la consistance du mobilier échu au cours du mariage ; mais il y a eu parfois une tendance à accorder ces faveurs même à l'égard du mobilier présent lorsque la femme veut établir la consistance de ses apports, des biens qu'elle possédait au jour du mariage. A l'appui de cette jurisprudence on a invoqué l'opinion de Pothier et de nos anciens auteurs que le code aurait empruntée et la généralité de l'art. 1415 qui autorise la preuve par commune renommée toutes les fois que le défaut d'inventaire préjudicie à la femme (1).

Il est évident qu'une pareille interprétation est trop favorable à la femme, et qu'il n'y a aucune raison pour étendre à la reprise d'efforts la preuve large et facile de l'art. 1504 ; au moment du mariage non seulement les époux sont sur un pied d'égalité, ce qui doit écarter toute différence de traitement, mais il y a un contrat et la femme y figure entourée de ses parents ou d'amis qui sont là pour protéger ses intérêts. La Jurisprudence l'a reconnu et

1. Toullier t. 13 nᵒˢ 506 et suivants.

l'on peut dire que depuis quelques années elle a abandonné cette extension de l'article 1504 et qu'elle est entièrement revenue sur ses premiers arrêts : elle admet que pour le mobilier à l'égard de la femme le droit commun de l'article 1499 est applicable. (1).

Si on ne va donc pas jusqu'à forcer les termes de l'article 1504 en faveur de la femme, ne semble-t-il pas que l'interprétation que la Jurisprudence donne de l'article 1499 est vraiment trop extensive et trop favorable aux époux en leur permettant d'user de tous les procédés du droit commun, même de la preuve testimoniale avec un commencement de preuve par écrit (2) ?

Voyons maintenant si sur le terrain doctrinal la théorie de la Jurisprudence peut mieux se défendre. Ici encore elle nous paraît difficile à soutenir, car on peut lui reprocher de ne pas trouver dans la loi un fondement suffisant.

C'est qu'elle repose sur cette idée que l'article 1499 ne serait pas occupé de la force probante de la présomption qu'il pose : cette valeur devrait être recherchée dans l'article 1510 ; or, ce point de départ nous paraît difficile à admettre.

L'article 1499 indique formellement deux modes de preuve, l'inventaire et l'état en bonne forme : c'est donc que ces deux procédés sont suffisants pour renverser la présomption d'acquêt, c'est donc bien là la preuve que l'article 1499 a traité une question de force probante puisqu'il indique le moyen d'écarter la présomption et cela, sans distinguer entre les époux et les créanciers.

1. Arrêt de la Cour de Paris du 3 avril 1884. (S. 1884.2.120).
2. D. 1898, 2, 18.

Tel est le texte. Et cependant la jurisprudence n'admet pas l'état en bonne forme lorsque l'intérêt des tiers est en jeu : elle exige que cet état soit authentique. C'est qu'elle interprète l'art. 1499 par l'art. 1510. Tout cela revient en réalité à dire que l'art. 1499 traite de la force probante de la présomption d'acquêt, mais seulement à l'égard des tiers et non lorsque le débat s'engage entre les époux.

La jurisprudence en revient donc à introduire dans l'art. 1499 une distinction que le texte ne laisse pas soupçonner et que rien n'autorise (1).

La seule justification qu'on ait donnée de ce raisonnement est encore tirée de Pothier. Cet auteur admettait la preuve par tous les moyens sans distinction ni réserve.

C'est, dit-on, cette théorie que le Code a entendu adopter ; il n'a entendu lui faire échec et restreindre les procédés de preuve que dans l'intérêt des créanciers, l'art. 1510 du Code civil et l'art. 560 du Code de commerce en sont la preuve.

Cela, ajoute-t-on, est bien démontré par l'art. 1504 puisque cet article a emprunté la théorie de Pothier mais seulement pour une hypothèse bien déterminée.

Ce raisonnement nous paraît bien pénible : il est en ou-

1. M. Louis Boyer. *De la preuve en matière de reprises matrimoniales* (thèse). Cet auteur s'exprime en ces termes au sujet de la prétendue distinction que comporterait l'art. 1499 :

« L'intervention de l'art. 1510 dans cette théorie a bien l'air d'un expédient. On l'invoque pour justifier une distinction dont la loi ne porte pas trace : ni l'art. 1499, ni l'art. 1504 n'y font en effet la moindre allusion. »

Laurent. T. XXIII, n° 187.

tre inexact. Il nous semble en effet difficile d'admettre
d'abord que le code ait entendu consacrer purement et
simplement la théorie de Pothier : celui-ci admettait tou_
jours et dans tous les cas l'emploi des modes de preuve
de droit commun et même la commune renommée sans
distinguer entre époux ou à l'égard des créanciers. Or le
Code n'admet pas cette généralité d'une preuve facile et
favorable.

Quant à la prétendue réserve que le Code aurait établie en faveur des créanciers, c'est précisément ce qu'il
faudrait démontrer. Il y a donc dans ce raisonnement une
pétition de principe. La vérité c'est que la jurisprudence
a été amenée à adopter cette distinction par suite de l'interprétation qu'elle donnait de l'art. 1499 : ce texte ne
s'occupant pas de la force probante de la prescription,
les époux restaient pour la faire disparaître sous l'empire
du droit commun. Mais la jurisprudence s'est inquiétée
des conséquences funestes auxquelles ce système aurait
abouti si on en avait fait l'application aux tiers puisqu'ils
auraient été obligés de subir les reprises dont la preuve
pouvait résulter d'actes sous seing privé comme de
simples témoignages, avec bien entendu le commencent de
preuve par écrit. C'était un champ illimité ouvert à la
fraude. Il fallait donc chercher un expédient pour protéger les créanciers et on a invoqué alors l'art. 1510.

La conclusion est que la doctrine de la jurisprudence
non seulement ne nous paraît pas répondre aux exigences
de la pratique, mais au point de vue théorique elle repose sur un raisonnement absolument faux.

Ces considérations sont suffisantes pour nous la faire repousser.

Section V. — *Doctrine de M. Bufnoir.*

Malgré ces inconvénients pratiques et l'erreur juridique de son fondement, le système de la jurisprudence est demeuré longtemps incontesté, lorsqu'en 1885 dans une note magistrale provoquée par un arrêt de la Cour de Dijon, M. Bufnoir a posé les bases d'une distinction nouvelle et développé un système tout différent (1).

Le procès qui s'était présenté devant la Cour de Dijon mettait en jeu une des conséquences extrêmes du système adopté par la jurisprudence. Il s'agissait d'une femme mariée sous le régime de la communauté d'acquêts qui venait en tant que créancière invoquant son hypothèque légale exercer dans la faillite de son mari la reprise de ses apports mobiliers.

Comme le mari n'était pas commerçant au moment du mariage et qu'il ne l'était pas devenu dans l'année qui avait suivi la célébration, la femme n'était pas soumise aux restrictions qu'apporte à l'exercice de l'hypothèque légale l'article 563 du code de commerce.

La question de droit devait donc se résoudre d'après les principes généraux du code civil en ce qui concerne les reprises en valeur.

1. Arrêt de la Cour de Dijon du 4 février 1884. S. 1885-21-25. Voir aussi la seconde note de M. Bufnoir. S. 1889-1-4 65.

Parmi les diverses créances que la femme invoquait les unes avaient pour objet la reprise de valeurs mobilières qui lui appartenaient au jour du mariage : ces apports comprenaient une certaine part dans une succession et le compte d'administration qui devait être rendu à la femme par le père à compter du jour où avait pris fin la jouissance légale. L'existence de ces créances au jour du contrat était authentiquement constatée par des inventaires ou par le contrat. Donc aucune difficulté sérieuse ne pouvait s'élever à leur égard.

Mais il y avait une autre catégorie de créances dont la femme réclamait le paiement : c'étaient celles relatives à la reprise des valeurs mobilières échues pendant le mariage et dont il n'avait pas été fait inventaire. La question se posait alors sur l'application de l'article 1504 dans les rapports avec les créanciers.

Il existait seulement un acte de liquidation et de partage auquel avait participé le mari, mais il était sous seing privé. D'après la Jurisprudence telle que nous l'avons exposée, cet acte qu'invoquait la femme aurait été jugé insuffisant puisque dans les rapports avec les créanciers elle repousse l'application de l'article 1504 et exige rigoureusement l'inventaire ou l'état authentique.

M. Bufnoir a alors émis l'idée que la preuve de l'article 1504 valait contre tout le monde, même contre les créanciers du mari en ce qui concerne l'exercice de l'hypothèque légale de la femme : celle-ci pourra établir qu'elle a reçue, par voie de succession certains objets mobiliers par tous moyens de preuve, même par commune renommée. Cette opinion avait déjà été mise en avant par MM. Aubry et Rau dans un passage trop peu connu (1).

La pensée de ces auteurs est qu'en ce qui concerne le mobilier advenu pendant le mariage et qui n'aurait pas été constaté par inventaire la femme exerçant son hypo-thèque légale peut en justifier le montant à l'égard des créanciers, par témoins ou même par commune renommée. « La femme, disent-ils, se présentant non comme propriétaire de meubles saisis sur le mari, mais comme créancière de ce dernier doit être admise à justifier de sa créance au regard des autres créanciers par tous les moyens à l'aide desquels elle peut l'établir vis-à-vis du mari lui-même ».

L'arrêt de la Cour de Dijon donna raison à M. Bufnoir. Mais, il fut cassé (2).

Il faut nous demander maintenant par quel raisonne-ment doctrinal M. Bufnoir était arrivé à la solution qu'il proposait et quels sont les caractères essentiels de son système.

Toute sa théorie repose sur une interprétation nouvelle des textes et sur la distinction qui s'en dégage.

Les dispositions du Code de commerce ont prévu deux situations différentes : s'agit-il d'une reprise en nature, en vertu d'un droit de propriété, l'art. 560 veut une justification par acte authentique; la femme se présente-t-elle comme créancière, armée de son hypothèque légale, l'art. 563 n'exige plus qu'un acte ayant date certaine. Donc,

1. Aubry et Rau, tome 3, page 219, note 17.
2. S. 89-1-465.

d'une part, reprise en nature et d'autre part, reprise en
valeur telle est la distinction que laisse entrevoir le Code
de commerce.

En apparence elle est étrangère au Code civil, mais elle
n'y est cependant pas sans appui. L'art. 1504 en effet
dispose en vue d'une clause d'apport; il est le complément
de l'article 1503 qui ne vise que les clauses de réalisa-
ion indirecte, c'est-à-dire celles par lesquelles les époux
promettent à la communauté une somme déterminée et
se réservent ainsi tacitement tout l'excédent de valeur
de leur mobilier; ici il n'y a que des propres imparfaits,
la communauté étant devenue propriétaire de tous les
meubles, les époux ont seulement droit à la reprise en
valeur de tout ce qui dépasse la somme promise.

Donc l'art. 1504 traite seulement de la preuve à fournir lorsqu'il s'agit d'une reprise en deniers, en valeur
sa sphère d'application se restreint à l'hypothèse où les
époux se présentent comme créanciers.

L'article 1504 ne fait donc allusion qu'aux reprises en
valeur et il faut dire qu'il s'applique toutes les fois que les
reprises ont ce caractère.

S'il se trouve placé parmi les dispositions relatives aux
clauses de réalisation indirecte et non à propos de la
communauté d'acquêts, c'est que sous ce dernier régime
il y a surtout lieu à des reprises en nature, tandis qu'en
matière de convention d'apports, toujours et dans tous les
cas, les époux se présentent comme créanciers. En résumé l'art. 1504 prévoit d'une façon générale l'hypothèse
où les époux invoquent un droit de créance et la preuve

par commune renommée ne vise que les reprises en valeur, mais elle les vise toutes.

S'il en est ainsi cette interprétation de l'art. 1504 va nous éclairer sur le champ d'application de l'art. 1499. C'est que ce dernier texte n'a pas alors la généralité qu'on lui accorde à première vue : de même que la seule question dont s'occupe l'art. 1504 est une question de créance, la seule question dont s'occupe l'art. 1499 est une question de propriété. Il s'applique seulement dans le cas où les époux veulent exercer des reprises en nature pour distraire de prétendus apports de la masse de la communauté. Partant de là nous trouvons bien dans cet article une présomption absolue, mais elle se restreint à l'hypothèse où les époux exercent un droit de propriété.

Relativement aux meubles, l'article 1499 a une portée analogue à celle de l'article 1402 relativement aux immeubles : des biens sont confondus aux mains du mari, il s'agit dans l'un comme dans l'autre cas de retirer en nature les biens que prétend propre, aussi exige-t-on un procédé de preuve qui établisse non seulement l'origine mais l'individualité de ces propres.

Enfin cette interprétation jette une vive lumière sur l'historique de la matière et explique le système si différent de celui de Pothier que paraît avoir réalisé l'article 1499. C'est que dans notre ancien droit il ne pouvait y avoir que des reprises de en valeur ; dans tous les cas c'était seulement un droit de créance que les époux invoquaient, il n'y avait pas de propres parfaits : or ce sont les solutions de Lebrun et de Pothier relativement à la femme tout au moins qui ont été reprises par l'article 1504 dans une hypothèse analogue, c'est-à-dire lorsque l'époux n'a droit qu'à une valeur. Au contraire le code a introduit un droit nouveau plus rigoureux pour les nouvelles reprises qu'il est venu autoriser, celles qui ont lieu en nature, lorsque les époux ont conservé la propriété individualisée de leurs propres, au cas de propres parfaits (1).

1. Cette explication historique est exposée dans un arrêt de la Cour de Caen du 24 mars 1890, (D. 1890-2-217) qui consacre la théorie de M. Bufnoir :

« Attendu, dit-il, que pour apprécier les droits de la femme mariée à l'égard des tiers il y a lieu de distinguer l'action en revendication par laquelle la femme réclame la propriété d'objets mobiliers, c'est-à-dire un droit exclusif, avec l'action que la femme exerce comme simple créancière et pour laquelle elle vient sur le mobilier en concours avec les créanciers du mari, que cette distinction résulte clairement de la comparaison des art. 1415, 1499, 1504 C. civ. et des art. 560 et 563 C. Com. ; que s'il s'agit de la revendication de meubles en nature l'article 1499 est applicable ; *que cet article a eu pour but unique de régler une question de propriété en modifiant la législation antérieure : qu'avant le code civil, dans les pays de communauté, ainsi que l'atteste Pothier, la clause de réalisation qui avait pour effet d'exclure de la communauté les biens mobiliers échus pendant le mariage de succession ou de donation, ne créait jamais un droit de propriété autorisant la revendication des meubles en nature mais une simple créance de reprise contre la communauté dans laquelle les meubles réalisés réputés acquêts s'étaient confondus ; que le Code civil, innovant, a voulu au contraire consacrer un droit de propriété ; qu'il y a mis une condition celle d'une justification par inventaire ou état en bonne forme*, à défaut de cette justification comme sous la Coutume de Paris, le mobilier est réputé acquêt avec les conséquences de droit etc.etc.»

Telle est la démonstration doctrinale et historique du système présenté par M. Bufnoir.

Donc résumons-nous : d'une part l'article 1499 se restreint au cas où l'époux invoque un droit de propriété ; dans ce cas la présomption d'acquêt est absolue et elle peut seulement être écartée par l'inventaire où l'état en bonne forme et celui dans tous les cas même dans les rapports des époux entre eux.

D'autre part l'art. 1504 permet à la femme la preuve par commune renommée toutes les fois qu'elle réclamera une valeur en vertu du droit de créance, même lorsque le conflit s'engage avec les créanciers du mari.

Côté négatif du système de M. Bufnoir. — Maintenant que nous avons mis en relief la distinction qui domine la théorie de Bufnoir et que nous en avons montré les grandes lignes, il importe de l'analyser de plus près et de voir exactement à quoi elle se ramène.

Cette doctrine a deux faces, l'une d'abord négative, c'est le rejet du système consacré par la jurisprudence et fondé sur l'intervention de l'art. 1510 ; l'autre, positive, c'est la distinction nouvelle basée sur l'opposition des art. 1499 et 1504 : il nous faudra donc en diviser l'exposé suivant que la reprise aura lieu en valeur ou en nature.

Rejet de l'art. 1510. — Voyons donc tout d'abord la partie critique et destructive. Le système de la Jurisprudence reposait tout entier sur l'interprétation de l'art. 1510 et sur son extension à l'hypothèse de reprises. Donc démontrer que la sphère d'application de ce texte ne s'étendait pas jusque là, que l'art. 1510 visait une hypothèse bien spéciale et bien déterminée et qu'il n'avait donc pas la généralité qu'on veut lui prêter c'était saper par sa base et ruiner entièrement le système de la Jurisprudence. C'est ce qu'a fait M. Bufnoir et l'on peut dire que sur ce point sa démonstration a été décisive et péremptoire.

« L'art. 1510 en effet, dit-il, règle uniquement les droits des créanciers antérieurs au mariage auxquels on oppose une clause de séparation de dettes. Les biens dont l'inventaire est prescrit pour limiter leur droit de poursuite sont ceux du conjoint qui est leur débiteur, nullement ceux qu'on prétend soustraire à leur action. Ainsi étant supposé qu'il s'agit des créanciers de la femme séparée de dettes, le mari doit leur représenter l'inventaire qui établit la consistance de leur gage, sinon il est exposé à leur poursuite sur tous les biens de la communauté, et par suite sur tous ses biens personnels tant que la communauté dure » (1). L'art. 1510 vise donc uniquement les créanciers exclus de la communauté antérieurs au mariage qui n'ont jamais été des créanciers communs puisqu'il y a séparation de dettes. Mais leur gage initial, le mobilier présent, devenant commun, la loi par une faveur exceptionnelle leur permet de poursuivre sur ces biens le paiement de leur créance.

Mais il y avait à redouter une fraude : c'est que les époux au moment de la saisie ne vinssent prétendre que les meubles compris dans la saisie étaient des biens communs acquis pendant le mariage, des acquêts, et ainsi diminuer les garanties que la loi avait voulu accorder aux

---

1. Note précitée sur l'arrêt de la Cour de Dijon.

créanciers ; aussi le Code a-t-il décidé que cette preuve ne pouvait résulter que d'un inventaire ou d'un acte authentique qui écarterait alors toute possibilité de fraude, sinon le droit des créanciers s'étendrait sur tous les biens de communauté et sur ceux du mari. L'article 1510 a simplement repris les solutions de l'art. 222 de la Coutume de Paris.

Il y a donc une opposition bien nette entre la situation de ces créanciers et celle des créanciers de communauté. Ces derniers savent, en effet, à quoi ils s'exposent en traitant avec le mari et ils doivent prévoir qu'ils n'ont pas à compter sur tous les biens que leur débiteur a en sa possession, car la possession n'est qu'une apparence. De plus le mari comme tout débiteur peut aliéner, donc à leur égard ce mobilier aux mains du mari n'est qu'une garantie elle-même apparente et fragile. Sans doute il faut prévenir et éviter les fraudes, mais il ne faut pas multiplier les rigueurs en disant que le mari s'est donné un faux crédit.

Mais il n'en est plus de même au cas de séparation de dettes lorsqu'il s'agit des créanciers antérieurs dont la communauté a absorbé le gage ; sans doute, de droit commun, leur débiteur pouvait aliéner et par conséquent ils n'auraient pas pu poursuivre ces meubles dans la communauté ; mais la loi, trouvant inique une pareille conséquence, suppose que leur droit subsiste sur les apports mobiliers : ce ne sont donc pas des biens qui forment une garantie apparente qu'on veut leur enlever, ce sont des biens qui leur sont individuellement affectés.

Il en était ainsi, nous l'avons vu, en ancien droit, il en

est encore ainsi pour une catégorie particulière de créanciers, les créanciers héréditaires au cas de succession mobilière ou mixte échu au cours de la communauté va absorber le gage et cependant si la succession était échue à la femme, que celle-ci ne l'ait acceptée qu'avec l'autorisation de la justice, la communauté en principe n'est plus tenue des dettes. C'est donc encore ici une hypothèse ou des créanciers perdraient leur gage sans devenir des créanciers de la communauté ; mais là encore la loi le leur conserve et elle n'en admet la délimitation, la séparation avec les autres biens de la communauté qu'au moyen d'un inventaire.

Donc en résumé, lorsqu'on est en présence de créanciers dont la communauté a pris le gage il y a un système de preuves exceptionnel, mais il n'y a aucun rapport à établir avec les créanciers qui ont contracté avec le mari et qui sont devenus des créanciers de communauté.

Rejet de l'article 560, *Code Commerce.* — Il faut donc repousser l'intervention de l'article 1510 en notre matière ; mais il faut également écarter l'article 560 du Code de Commerce qui lui aussi d'après la Jurisprudence consacrerait la distinction qu'elle établit. Ce texte exige la preuve par acte authentique lorsque la femme du failli veut retirer en nature les biens qui lui sont propres. La jurisprudence prétend donc que précisément cet article prévoit une hypothèse où le conflit s'élève avec des créanciers, qu'il n'est donc que l'application du droit commun et qu'il vient ainsi à l'appui de sa thèse.

Mais si cet article n'était qu'une application des principes généraux il eût été parfaitement inutile. Sa seule raison d'être est d'établir un droit plus rigoureux pour une hypothèse exceptionnelle où les droits des créanciers méritent une protection spéciale. Le seul motif qu'invoque la Jurisprudence pour prétendre que l'art. 560 ne fait que reproduire le droit commun, c'est un rapprochement avec l'art. 1510 considéré comme fondant le droit commun du Code civil. Mais s'il est établi que l'article 1510 a eu pour but d'établir un droit exceptionnel, il faut dire que c'est ce même droit exceptionnel que l'article 560 est venu précisément emprunter et qu'il a reproduit en matière de faillite où c'est très naturel et très légitime.

En résumé la distinction de la Jurisprudence et par suite son système tout entier doivent être repoussés en tant qu'ils se fondent sur les articles 1510 Code civil et 560 Code de Commerce.

Côté positif du système de M. Bufnoir. — Nous venons de voir la partie destructive de la théorie de M. Bufnoir, voyons-en maintenant la partie constructive, c'est-à-dire l'interprétation nouvelle de l'article 1499 qu'il propose.

Interprétation de l'art. 1499. Reprises en nature. — Pour M. Bufnoir, cet article s'applique seulement dans le cas où la reprise s'exerce en nature, en vertu d'un droit de propriété.

Il pose une présomption d'acquêt qui ne peut être renversée que par les deux procédés de preuve qu'il indique, c'est-à-dire par l'inventaire et par l'état en bonne forme.

Mais comment faut-il, à l'égard de ces deux moyens de justification, interpréter les termes de la loi? La question se pose seulement pour l'état en bonne forme puisque suivant l'acception la plus commune le mot inventaire s'entend toujours d'un acte authentique, dressé par un notaire. Or M. Laurent, sans motiver son avis, admettait qu'il fallait toujours un acte notarié; c'est également l'opinion de la jurisprudence, lorsque le conflit s'élève avec les créanciers, mais cette solution lui était imposée par l'intervention de l'article 1510 qui, venant compléter l'art. 1499 exigeait soit l'inventaire, soit l'acte authentique; ce sont ses expressions.

Sur ce point M. Bufnoir, avec une grande intelligence des nécessités pratiques, s'éloigne de cette interprétation. Le rejet de l'art. 1510 et de l'art. 560 lui laissait en effet toute liberté d'allure. Du moment qu'aucune disposition ne vient imposer l'acte authentique, n'est-il pas plus simple et plus juridique d'appliquer purement et simplement l'art. 1499 dans ses termes, d'exiger, comme le dit le texte, un état en bonne forme, c'est-à-dire un état descriptif et détaillé, même sous seing privé?

Voici quelques exemples d'état qui, sans être authentiques, étaient considérés comme des états en bonne forme au sens de l'article 1499 (1). Supposons un acte de partage dressé à l'amiable relatif à une succession antérieure au mariage et portant inventaire des objets mobiliers; si ces effets se retrouvent en nature aux mains du mari à la dissolution de la communauté, cet acte sera une

---

1. M. Bufnoir, cours de 1881 : cette partie de sa doctrine est exposée par *M. Petiet* au n° 106 de son étude sur la *Preuve en matière de reprises matrimoniales.*

preuve suffisante car il constitue un état en bonne forme au sens de l'article 1499.

De même il serait loisible aux époux de retirer leur mobilier en nature en présentant un compte de tutelle, un compte d'administration, une créance constatée par un billet sous-seing privé.

Il en serait de même pour ce qui est des actions au porteur si la femme prouvait par des papiers portant les numéros de ces titres qu'ils lui appartenaient avant le mariage. Enfin il faudrait à plus forte raison admettre la même solution pour les titres nominatifs lui appartenant au moment du mariage.

Les nécessités pratiques imposaient ces solutions; cela est si vrai que la jurisprudence, même à l'égard des créanciers, a été souvent obligée de les admettre. C'est ainsi qu'il a été jugé que l'inscription de rente sur le grand livre de la dette publique est une preuve suffisante (1).

Du reste pour certains droits mobiliers dont la preuve est certaine et dont on n'a pas l'habitude de dresser inventaire la jurisprudence atténue la rigueur de son système. Par exemple, elle n'exige pas d'état descriptif authentique pour les offices ministériels dont le mari était titulaire au moment du mariage, car la propriété du mari antérieure au mariage se trouve suffisamment établie par

1. Cherbourg, 28 juillet 1896, Recueil, Rouen et Caen, XLII, 2, 1897, cité par la *Gazette du Palais*, table 1re de 1897. V· *Communauté*, n· 44.

l'acte public qui lui a conféré cet office (1). Ce qui est vrai pour les offices ministériels doit l'être également pour les titres nominatifs constatés par des actes, par des inscriptions sur les registres des compagnies industrielles ou commerciales.

Ainsi la jurisprudence et les auteurs qui ont adopté une interprétation des art. 1499 et 1510 n'ont pas toujours osé aller jusqu'au bout des conséquences que leur imposait le système, et ils ont hésité à pousser à l'extrême l'exigence de la preuve par acte authentique. De là dans les arrêts des contradictions innombrables qui proviennent du manque d'harmonie entre les nécessités pratiques et la conception doctrinale.

Aù contraire sur ce point la théorie de M. Bufnoir est très souple et très flexible : l'inventaire est sans doute le mode de preuve qui convient le mieux aux reprises mobilières, mais il est certains droits qui peuvent se constater autrement que par un acte authentique : c'est à ces procédés particuliers et spéciaux que fait allusion l'état en bonne forme de l'art. 1499 et s'il en est ainsi il ne faut pas craindre d'en élargir les termes et de se montrer très large dans son interprétation.

Mais encore l'art. 1499 garde un caractère assez exclusif : c'est ainsi que dans aucun cas il ne faudrait admettre la preuve par témoins même avec un commencement de preuve par écrit; c'est que l'art. 1499 pose une présomption et seuls les procédés de preuve qu'il énumère peuvent la renverser ; or parmi ces procédés se trouve l'état

1. Bordeaux, 19 février 1856 (S. 56, 2, 271).

en bonne forme, ce qui veut dire qu'il faut un acte écrit détaillé et descriptif qui individualise sans contestation possible les effets mobiliers réservés propres.

En résumé, l'article 1499 conserve un caractère rigoureux et dérogatoire au droit commun, soit dans les rapports des époux entre eux, soit dans leurs rapports avec les créanciers, mais il ne s'applique que lorsqu'il s'agit de reprises en nature.

Interprétation de l'article 1504. *Reprises en valeur.* — Voyons maintenant quels modes de preuve peuvent être employés, d'après la doctrine que nous exposons, pour les reprises en valeur : en d'autres termes il s'agit de savoir quelle est la sphère d'application de l'article 1504.

Ce texte est la disposition générale pour le cas de reprises en valeur. Il s'agit en effet d'une créance en reprise relative à une succession échue au cours du mariage dans l'hypothèse d'une clause d'apport et la reprise de l'excédent a lieu non en nature, mais en valeur. Ce serait donc à ce propos que le Code civil aurait posé les principes relatifs à la preuve des reprises en valeur. Donc dans ce cas, par rapport au mari, le code exige un inventaire, ou, à défaut de cet acte, tout autre titre de nature à justifier de la consistance ou valeur de ce mobilier, c'est-à-dire un état en bonne forme au sens de l'article 1499.

Mais par rapport à la femme, il lui laisse la liberté absolue de faire sa preuve non seulement par tous les modes du droit commun, mais même par la commune renommée. Ainsi disparaît toute contradiction entre l'article 1499 et l'article 1504. Chacun d'eux s'occupe d'une question absolument différente, chacun d'eux a un champ d'application parfaitement déterminé.

L'article 1504 se restreint donc à l'hypothèse où il y a reprise en valeur et cela sans aucune restriction ni réserve. Voilà le principe.

Mais voici maintenant quelles sont les conséquences de cette interprétation : si la femme veut reprendre les effets mobiliers dont elle a conservé la propriété individualisée, il lui faut toujours rapporter un inventaire ou un état en bonne forme ; si elle ne se présente que comme créancière, il lui sera au contraire possible d'user de la preuve large et facile de l'art. 1504, même dans ses rapports avec les créanciers du mari, même lorsqu'elle invoque son hypothèque légale.

Cette différence de traitement serait très légitime et conforme aux exigences de la pratique si la femme venait en concours avec les tiers, comme créancière chirographaire ; il serait très juste de réserver les preuves sévères et rigoureuses pour le cas où elle aurait un droit de préférence.

Mais comment comprendre que la loi lui accorde encore la preuve pas commune renommée dans l'hypothèse où elle se présente comme créancière assurée de son hypothèque légale. L'exercice de ce droit n'aboutit-il pas presque au même résultat qu'une reprise en nature ? Il semble donc difficile d'admettre en pareil cas l'application de l'art. 1504. Que l'on suppose, par exemple, que la femme, faute d'état en bonne forme, ne puisse reprendre en nature ses rapports, est-il véritablement admissible de lui permettre d'en prouver la valeur grâce aux facultés qu'autorise l'art. 1504 et de prélever ces sommes en vertu de son hypothèque ? (1).

C'est bien là en effet le côté faible de la doctrine que nous étudions, aussi M. Bufnoir après avoir longtemps hésité a-t-il changé d'avis sur ce point.

Voici quelle a été sa première opinion émise dans sa note sur l'arrêt de la cour de Dijon : lorsque la femme invoque son hypothèque légale en vue de l'exercice d'une reprise en valeur, il faut distinguer suivant que sa créance a pour fondement un apport initial individualisé, un apport en propriété, c'est l'hypothèse des propres parfaits, ou suivant qu'elle a pour fondement un apport en valeur, un apport d'objets devenus immédiatement la propriété de la communauté, c'est l'hypothèse des propres imparfaits.

Dans le premier cas, si la femme se prétend créancière de la valeur d'un propre parfait, elle ne sera recevable à exercer de ce chef son hypothèque légale qu'à la condition de prouver par inventaire ou état authentique, c'est-à-dire dans les termes de l'art. 1499, la consistance du mobilier qu'elle prétend propre. C'est là le tempérament, la réserve que M. Bufnoir apporte à son système.

Mais en dehors de cette hypothèse, c'est-à-dire pour le cas où la reprise en valeur est fondée sur des apports devenus immédiatement la propriété de la communauté, sur des propres imparfaits, il faut revenir à l'application de l'art. 1504 et aux facilités de preuve qu'il accorde.

Telle était la distinction qu'établissait M. Bufnoir et grâce

1. Note de M. Guenée D. 1887. 1. 114.

à elle, il expliquait la Jurisprudence qu'on opposait à son système : certains arrêts et, en particulier, un arrêt de la Chambre des Requêtes du 16 janvier 1877 (1) exigeaient de la femme la preuve par inventaire ou état de la consistance du mobilier dont elle demande la valeur en invoquant une hypothèque légale contre les créanciers ; mais cela ne prouve pas, dit M. Bufnoir, que la Cour de Cassation ait entendu par cela consacrer la distinction des reprises entre époux ou à l'égard des créanciers, non, ces solutions se concilient parfaitement avec la théorie qu'il propose ; et si les arrêts appliquent l'article 1499. c'est tout simplement parce qu'ils impliquaient un débat préalable sur la propriété. « La réponse, dit M. Bufnoir, en négligeant les autres questions qui se trouvent engagées dans le débat, c'est que dans l'hypothèse de l'arrêt de 1877 la réclamation de la femme bien que se traduisant sous forme de créance avait en réalité fondement sur l'affirmation d'un droit de propriété (2) ».

Donc d'après cette conception de M. Bufnoir, sauf le cas où les reprises en valeur se fondaient sur un droit de propriété, la preuve se faisait d'après l'art. 1504.

Comment se justifiait donc cette différence entre les deux situations ? Sur quoi se reposait en raison cette faveur faite à la femme lorsqu'elle agissait comme créancière d'une somme provenant d'un propre imparfait ?

Il y a une première explication qui pourrait être mise en avant, c'est l'idée que la preuve d'un droit de créance,

1. S. 1877, 1, 169.
2. M. Bufnoir, note sur l'arrêt de Dijon.

d'une reprise en valeur serait plus facile et moins suspecte que celle d'un droit de propriété et s'il en était ainsi, on comprendrait que la loi se montre dans ce cas plus favorable et plus indulgente pour la femme.

Mais cette explication ne peut justifier dans aucune hypothèse la distinction que propose M. Bufnoir.

Si l'on suppose que la femme n'ait droit qu'à une valeur dans le cas par exemple où elle a apporté de l'argent, il est aussi difficile d'établir par des procédés de preuve non suspects qu'elle a versé cette somme dans la communauté que de démontrer qu'elle possédait ces objets individualisés dont elle est restée propriétaire. Au contraire cette preuve du droit de propriété est même moins suspecte et plus aisée parce que si cet objet se retrouve dans le patrimoine social et qu'on puisse établir même par témoins que cet effet était déjà aux mains de la femme avant son mariage, il y a bien là une preuve relativement sûre tandis que pour ce qui est d'une valeur en argent, pareille preuve est impossible et ne pourra jamais être faite.

Prenons une succession échue à la femme pendant le mariage et supposons que le contrat contienne une clause de réalisation indirecte, de telle sorte que les effets de la succession soient immédiatement acquis à la communauté et que la preuve ait seulement droit à une reprise en valeur. Dans ce cas ne sera-t-il pas aussi difficile de prouver le montant de ce qui lui revient que si elle avait à établir la consistance et l'identité du mobilier successoral. Il lui faudra en effet ici comme dans l'hypothèse d'une reprise fondée sur un droit de propriété individualisé, reconstituer l'actif de la succession, établir que la valeur qu'elle réclame provient d'objets mobiliers compris dans l'actif successoral. Il n'y aura donc aucune différence au point de vue de la preuve que ces effets soient restés à la femme ou qu'ils soient devenus la propriété de la communauté.

Il faut donc repousser cette explication d'une preuve plus facile et plus sûre au cas de reprises en valeur.

La raison qu'il faut admettre, c'est que le droit de créance a un caractère moins menaçant que le droit de propriété et celà même lorsque la créance est garantie par une hypothèque, car cette hypothèque constitue un droit de préférence moins complet et moins dangereux que l'exercice d'un droit de propriété. « La revendication appliquée à des objets mobiliers est visiblement plus préjudiciable à la masse de la faillite que l'hypothèque légale ; celle-ci ne touche pas à la masse mobilière ; même s'exerçant sur les immeubles s'il y en a il n'est pas dit qu'elle prouvera à la femme complète satisfaction. A ce double point de vue la revendication a des effets plus énergiques au profit de la femme, plus rigoureux pour la masse des créanciers. Sans doute il peut arriver, en fait que le résultat pratique soit le même ; mais c'est un accident et il suffit qu'en droit il y ait une différence entre les deux prérogatives pour justifier la loi d'en avoir soumis l'exercice à des conditions différentes.

Ajoutons une considération de fait qui à sa valeur ; s'il y a une fraude à redouter, c'est bien plus celle qui se réaliserait par la constitution d'un propre au profit de la femme que celle qui consisterait à enfler le montant d'une reprise.

De là les précautions particulières que la loi prend contre le premier procédé de fraude, les conditions rigoureuses auxquelles elle soumet en général l'acquisition d'un propre dans la communauté » (1).

Mais alors s'il en est ainsi, si la distinction entre les modes de preuve dépend de la nature de l'action, il y avait une contradiction dans la doctrine de M. Bufnoir. Si en effet il avait expliqué les faveurs accordées à la femme au cas de reprises en valeur par cette idée que la preuve d'un droit de créance est plus facile et moins suspecte que celle d'un droit de propriété, on aurait pu comprendre que la distinction qu'il établissait suivant que la reprise en deniers était fondée sur un propre parfait ou sur un propre imparfait, car dans le premier cas lorsque la créance implique à sa base un droit de propriété qu'il faut prouver, il était logique de retirer à la femme la faculté d'user des modes de preuves larges et faciles de l'article 1504, car il y a là une preuve de propriété qui ne peut être faite que par un procédé sûr et non suspect. Au contraire si la créance était basée sur une valeur tombée *ab initio* en communauté, il n'y a plus à faire la preuve d'un choix de propriété qui en serait le fondement, il suffit de prouver la créance et la preuve de ce droit étant plus facile et plus sûre que celle du droit de propriété, il eût été tout naturel d'appliquer ici les règles de l'article 1504.

1. M. Bufnoir note précitée. — Voir aussi M. Massigli, *Revue critique*, 1888, p. 659.

Mais avec l'explication qu'a donnée M. Bufnoir ce raisonnement et cette justification de la distinction qu'il faisait dans les reprises en valeur sont impossibles. Puisqu'il s'attache uniquement, non à la nature du fondement de la reprise, mais à la nature de l'action exercée par la femme, revendication ou créance, il n'y a plus alors à distinguer suivant que la reprise en valeur de la femme implique à sa base une preuve préalable d'un apport propriété, du moment qu'actuellement elle se présente vis-à-vis des tiers comme créancière. Puisqu'elle invoque un droit personnel, il s'agit là d'un droit moins rigoureux et moins menaçant pour les tiers que la revendication : il faut donc logiquement, dans tous les cas où il s'agit de reprises en valeur, appliquer l'article 1504.

C'est par ce raisonnement que M. Bufnoir s'est vu obligé d'abandonner la distinction et la réserve qu'il avait proposée dans sa première note. « Le nouvel examen, dit-il, que je viens de faire de la question me détermine à abandonner le tempérament que j'avais admis à l'application de la thèse que je défends. Après mûre réflexion, ce tempérament me paraît impliquer une certaine contradiction avec les données fondamentales de la thèse elle-même. » (1)

Donc dans tous les cas où la reprise se fait en valeur, il faut permettre à la femme l'usage des preuves larges et favorables de l'art. 1504 et cette solution doit être admise sans distinguer suivant que la reprise a lieu entre les époux ou à l'encontre des créanciers, suivant qu'elle

1. Note de M. Bufnoir. S. 1889, 1, 465.

est fondée sur un propre parfait ou imparfait, suivant qu'elle a à sa base un apport initial ou du mobilier échu au cours du mariage (1).

Ce serait donc ici le système de Pothier et de Lebrun qui admettaient toujours la femme à faire la preuve par la commune renommée, ce serait encore le système suivi parfois par la jurisprudence, au moins dans les rapports entre époux. M. Bufnoir ressuscite donc la doctrine ancienne même dans les rapports avec les créanciers lorsque la femme invoque son hypothèque légale (2).

Critique de la doctrine de M. Bufnoir. — Ce système de M. Bufnoir, si ingénieux et si savant, nous laisse cependant des doutes et il nous paraît difficile d'admettre sa doctrine qui est en droit trop peu justifiée et qui ne répond pas toujours aux exigences de la pratique. D'une part, en effet, il y a une impossibilité presque absolue de la mettre en accord avec les textes du Code civil.

1. On sait en effet qu'il y a eu dans la jurisprudence une tendance à accorder à la femme les faveurs de l'art. 1504 lorsqu'elle veut établir la consistance de son mobilier présent, de ses apports.

2. La distinction que proposait M. Bufnoir entre les reprises en nature et en valeur a été très favorablement accueillie par la doctriee qui se trouve donc à cet égard en opposition formelle avec la jurisprudence.

Parmi les divers auteurs qui l'ont acceptée citons :

M. Massigli, *Revue critique*, 1888, p. 657.

M. Guillouard, *Traité des Contr. de Mar.* t. 3, n° 1481.

M. Baudry-Lacantinerie. t. 2. p. 1305. Arrêt de la Cour de Caen du 24 mars 1890, D. 1890, 2, 217, avec une note de M. Planiol.

Il y a eu aussi un certain nombre d'arrêts qui l'ont également consacrée. Nous les examinerons plus loin.

Et d'abord il suffit de lire l'art. 1504 pour être bien convaincu qu'il a voulu restreindre la preuve par commune renommée à l'hypothèse où le mobilier provient de succession ou donation au cours du mariage. C'est la situation qu'il vise formellement et rien ne vient nous autoriser à étendre son application aux autres cas de reprises en valeur et à donner à cette disposition la valeur d'une règle générale. Si la loi a fait à la femme cette situation de faveur c'est parce que durant le mariage, l'autorité maritale entrave sa liberté d'action ; le défaut d'inventaire ne peut lui être imputé et la loi devait donc lui permettre d'établir la consistance et la valeur de ce mobilier et réparer ainsi la négligence ou le dol du mari au moyen de preuves faciles à administrer. Ces considérations ne se retrouvent plus lorsqu'il s'agit d'apport initial et dans ces conditions on n'a pas le droit d'étendre par analogie l'art. 1504; il doit être restreint strictement à l'hypothèse qu'il prévoit (1).

Mais à l'inverse nous croyons que l'art. 1504 vise non seulement les reprises en valeur, mais aussi les reprises en nature du mobilier échu au cours du mariage. Cela ne résulte pas à notre avis du rapprochement de l'art. 1504 et de l'art. 1415 comme certains auteurs l'ont prétendu. On a dit en effet que cet art. 1415 autorisait la preuve par commune renommée d'une façon générale toutes les fois que le mari a négligé de faire l'inventaire et que son oubli ou son dol peut nuire à la femme. Cette raison est mauvaise, car on semble oublier que ce texte prévoit

1. M. Petiet, n° 111. Note précitée de M. Guenée (D. 1887.1.114).

l'hypothèse où il s'agit d'établir la consistance du mobilier provenant de succession est tombé en communauté pour fixer la part que la femme doit en définitive supporter dans le passif, on ne peut donc l'invoquer en matière de reprises ; la situation est très différente.

L'art. 1504 vise même les reprises en nature parce que les motifs qui justifient cet article se retrouvent encore dans cette hypothèse. Que la femme exerce un droit de propriété ou un droit de créance fondé sur du mobilier échu au cours du mariage, sa situation est absolument la même et nécessite certaines mesures de protection. Le but et l'esprit de la loi sont donc favorables à l'interprétation que nous avons donnée de l'art. 1504.

De même l'interprétation de l'art. 1499 en tant qu'il ne viserait que la reprise en propriété parait bien téméraire. En somme elle repose uniquement sur cet argument qu'en cas de communauté d'acquêts il y a surtout des propres parfaits. Les termes de cet article ne permettent pas d'en restreindre ainsi la portée et il paraît bien être la disposition principale de la matière qui pose le principe sans montrer aucune trace de la distinction qui est proposée.

Nous en concluons que les textes repoussent la théorie de M. Bufnoir que l'article 1499 apparaît comme la règle générale et que l'article 1504 est un texte exceptionnel visant un cas exceptionnel, celui d'une succession échue au cours du mariage et qu'on n'a pas voulu étendre ses dispositions à toutes les reprises en valeur.

Pour bien voir maintenant les conséquences inacceptables de la distinction proposée par M. Bufnoir, prenons une espèce : une femme voudrait exercer ses reprises en

nature mais elle n'a pas d'inventaire ou d'état authentique qui lui permette d'établir l'identité de son mobilier ;
elle se contente alors de se présenter comme créancière
et elle pourra établir le montant de sa reprise par commune renommée. Or l'article 1471 du code civil l'autorise
à se faire payer sur les biens de la communauté ou du
mari, à exercer des prélèvements suivant un ordre
déterminé par la loi, d'abord sur l'argent comptant ensuite
sur le mobilier et subsidiairement sur les immeubles de
la communauté ou du mari. Or l'hypothèse se présente
rarement où il y a assez d'argent pour la payer de ses
reprises ; en pratique donc les prélevements de la femme
s'exerceront sur les meubles qu'elle pourra choisir individuellement de sorte qu'en fait le résultat sera le même
que si elle avait invoqué un droit de propriété, que si elle
avait repris son mobilier en nature. Il en serait ainsi cela
est certain dans les rapports entre époux, et il en serait
de même vis-à-vis des créanciers au moins dans l'opinion
qui admet que la femme exerce ses prélèvements à titre
de propriétaire exclusive.

Ainsi, à l'égard de la femme, la différence entre la
reprise en nature et la reprise en valeur en fait n'existe
à peu près pas. Il faut donc en conclure au point de vue
de la pratique qu'il n'y a pas lieu d'établir de différence,
de preuve suivant qu'il s'agit de l'un ou de l'autre cas ;
la preuve devra être ni plus ni moins difficile que la reprise s'exerce en nature ou en valeur.

La distinction que l'on propose n'est nullement en accord avec le but de la loi et les nécessités pratiques.
Elle est expliquée en raison par l'obligation d'imposer

une preuve plus rigoureuse lorsque la femme invoque un droit de propriété que lorsqu'elle se présente comme créancière, car, dit-on, s'il y a une entente frauduleuse des époux à redouter c'est plutôt lorsqu'elle exerce un droit de revendication que lorsqu'elle met en œuvre son hypothèque légale : il se peut en effet que le mari n'ait pas d'immeubles et alors la femme subira la loi du concours sur le mobilier qu'il possède, ou encore il se peut que l'hypothèque légale soit rendue inutile s'il y a des créanciers antérieurs à la célébration du mariage ou à la succession échue à la femme et que ces créanciers soient munis d'un droit de préférence (1) etc.

Tout cela est exact, mais il faut reconnaître que ces hypothèses sont exceptionnelles et qu'en général la femme excluera lès créanciers et le résultat sera le même que si elle retirait ses meubles en nature. On peut même dire que pour les créanciers, les reprises en valeur de la femme sont plus préjudiciables : c'est qu'elles nécessiteront la vente des biens de la communauté et du mari ; or tout cela entraîne des complications et des frais ; de plus ces biens se vendent souvent mal, il se peut donc qu'il ne reste plus assez pour le paiement de leurs créances; si la femme au contraire se paie en nature sur le mobilier bien des dépenses sont ainsi épargnées.

Enfin cette théorie aboutit à une autre conséquence inacceptable : elle admet, en ce qui concerne la femme, que celle-ci peut faire par commune renommée la preuve du mobilier échu au cours du mariage si elle se présente comme créancière. Mais si la reprise doit se faire en na-

____
1. Art. 2135, 2° Code civil.

ture nous sommes en dehors de la sphère d'application de l'article 1504 qui exige un inventaire ou un état en bonne forme. Est-ce là protéger les droits de la femme mariée? N'est-ce pas la mettre dans l'impossibilité presque absolue de recouvrer des meubles futurs? Un pareil résultat va directement à l'encontre de la volonté de la loi qui a voulu accorder à la femme l'emploi de la preuve favorable de l'article 1504 précisément pour lui assurer dans tous les cas la reprise de ces biens que la négligence du mari aurait pu compromettre s'il s'est abstenu d'en dresser l'inventaire.

Nous ne pouvons donc adopter cette doctrine qui est en opposition absolue avec les textes et qui aboutit à des conséquences si peu en accord avec les nécessités pratiques.

Section VI. — *Etat actuel de la question.*

La théorie de M. Bufnoir n'a pu se faire accepter d'une façon définitive par la jurisprudence. Cependant quelques arrêts ont été rendus dans son sens. Et d'abord l'arrêt de la Cour de Dijon au sujet duquel était intervenue la note de M. Bufnoir ; on sait du reste que cet arrêt fut cassé.

Plus récemment, il faut citer l'arrêt de la cour de Caen du 24 mai 1890 (1). Il s'agissait d'une femme qui se présentait comme créancière invoquant une hypothèque légale et réclamait la valeur d'une succession à elle échue pendant le mariage et non inventoriée ; la cour de Caen établissant la distinction entre les reprises en valeur et les

1. S. 1890-2-134.

reprises en valeur l'autorise à faire la preuve de la consistance de ce mobilier à l'encontre des créanciers du mari par tous les moyens de preuve et même par commune renommée.

Au contraire, un jugement du tribunal civil de Rouen qui adoptait encore cette distinction fut rejeté par un arrêt de la cour de Rouen du 9 mars 1898 (1).

L'hypothèse était la même ; le tribunal avait autorisé la femme à exercer la reprise en deniers d'une succession mobilière à elle échue au cours de la communauté et non inventoriée, mais dont la consistance résultait d'actes sous seing privés dont la sincérité n'était pas contestée, car, disait-il, il s'agissait là de reprises en valeur et à leur égard l'article 1504 est toujours applicable.

La Cour de Rouen repoussa la distinction car, à son avis, elle repose sur une donnée inexacte ; « la prétention de la femme qui exerce une reprise en deniers comporte toujours virtuellement, mais nécessairement une affirmation de propriété et une véritable revendication ; or si cette affirmation ne peut se prouver légalement à l'encontre des tiers que par un inventaire ou état authentique la récompense elle-même manque d'une base légale si elle n'est pas étayée par cette justification préalable ». L'arrêt revient donc au système de la jurisprudence et se range à l'interprétation de l'art. 1499 par l'art. 1510, il exige donc l'inventaire ou l'acte authentique au regard des créanciers : « Si la femme, qui est ainsi déchue de son droit de reprise, se trouve privée à l'égard des tiers de garanties ordinai-

1. *Journal du Palais*, 1899-2-165.

res du droit commun que la loi accorde aux autres créanciers et même de l'exercice des droits successoraux qu'elle tient de son titre d'héritier, c'est là un effet inséparable de la qualité de femme mariée et des prescriptions de la loi qui en présence des intérêts des créanciers qui lui ont apparu tout au moins aussi respectables que ceux de la femme, a entendu mesurer la protection de celle-ci aux dangers auxquels sont exposés les créanciers et c'est dans un intérêt de crédit général du mari qui doit l'emporter sur l'intérêt privé de la femme que le législateur de 1804 en organisant le régime de la société d'acquêts et en innovant ainsi sur l'ancien droit a édicté les présomptions rigoureuses des art. 1499 et 1510 ».

Enfin il y a trois récents arrêts un peu moins décisifs comme preuve d'opposition à la doctrine de M. Bufnoir parce qu'ils s'appliquent non plus au mobilier de succession mais au mobilier présent, car pour ce qui est des apports originaires il faut véritablement forcer les termes de l'art. 1504 pour l'appliquer par voie d'analogie.

Le premier arrêt est de la cour de Douai du 12 février 1897 (1). Une femme mariée sous le régime de la communauté réduite aux acquêts prétendait avoir droit à 5000 francs représentant le mobilier par elle apporté en mariage, et elle se trouvait en présence de tiers. Or ce mobilier n'avait pas été inventorié ni décrit dans le contrat de mariage.

Mais la femme voulait justifier de cet apport par une quittance sous seing privé délivrée à ses parents par le

1. D, 98-2-140.

mari. La cour décida qu'à l'égard des tiers cette preuve est insuffisante, qu'elle ne peut suppléer l'inventaire ou l'acte authentique exigé par la loi.

Ici donc la question portait sur l'interprétation de l'art. 1499; il s'agissait donc de savoir si la quittance pouvait être considérée comme un état en bonne forme; la cour de Douai répond: non, il faut un inventaire ou un état authentique.

Voici maintenant le second arrêt; il est du 15 mars 1899 (1). L'espèce était à peu près la même: Une femme voulait exercer la reprise de valeurs qu'elle avait apportées au moment du mariage et elle invoquait son hypothèque légale à l'encontre d'un tiers qui avait acquis du mari un immeuble grevé de cette hypothèque qui garantissait le paiement de ses reprises. La seule preuve qu'apportait la femme était un état liquidatif, car il n'y avait ni inventaire ni état authentique.

La Cour de Dijon, fidèle à la doctrine de M. Bufnoir, avait considéré cette preuve comme suffisante, puisqu'il s'agissait de reprises en valeur. Mais la Cour de cassation cassa cet arrêt comme ayant violé l'art. 1499 aux termes duquel le mobilier est réputé acquêt s'il n'a pas été constaté par inventaire ou état en bonne forme.

Enfin nous citerons un dernier arrêt qui rejette également la distinction entre la reprise en valeur et la reprise en nature. Il s'agissait d'une hypothèse très fréquente et très pratique. Il arrive ordinairement que les meubles apportés par les époux ne sont pas détaillés dans le con-

---

1. *Revue de notarial et de l'enregistrement*, n° 10342.

trat de mariage, mais que le notaire se contente d'en fixer le prix en bloc, bien entendu, même si on admet que dans ce cas l'estimation ne vaut pas vente, que la femme a des propres parfaits, elle ne pourra faute d'inventaire établir l'identité de ces meubles pour en exercer la reprise en nature; cette solution est imposée par le bon sens et le droit commun.

Mais nous savons qu'on se demande alors si la valeur de ce mobilier dont le montant est porté au contrat pourra être réclamé par la femme. En d'autres termes la question se réduit à savoir si pour les reprises en valeur il y a un état en bonne forme suffisant, lorsque le mobilier est apprécié, estimé en bloc. D'après la doctrine de M. Bufnoir, s'agissant d'un droit de créance, l'art. 1504 autorise tous les moyens de preuve même à l'encontre des tiers. Au contraire le système de la jurisprudence du moment que les créanciers du mari sont en cause, applique dans toute leur rigueur les termes de l'art. 1499; mais encore faut-il que le droit de créance des tiers date de l'époque où la communauté existait, puisque le but de la jurisprudence est de protéger les créanciers qui ont vu confondus dans la main du mari les biens propres et communs, de telle sorte qu'ils ont compté sur tout ce patrimoine pour la garantie de leurs droits.

Dans l'espèce que nous rapportons la Cour va beaucoup plus loin, car la femme se trouvait en présence, non des créanciers du mari dont les droits remontaient au cours de la communauté, mais des créanciers postérieurs à la dissolution du mariage. Même en ce cas la Cour a repoussé toute prétention de la part de la femme, parce que ses apports n'avaient pas été constatés par un inventaire ou un état authentique (1).

Ainsi malgré les tentatives de certaines cours d'appel, la doctrine de M. Bufnoir n'a pu se faire adopter par la Jurisprudence et la cour de Cassation maintient fortement la distinction des anciens arrêts suivant que la reprise se fait entre les époux ou à l'égard des tiers.

Mais nous avons vu d'autre part les conséquences inacceptables de ce système de la Jurisprudence, sa rigueur en ce qui touche les droits de la femme, son manque d'harmonie avec les nécessités pratiques. De tout cela il est résulté dans les arrêts des hésitations, des troubles, des inconséquences, des contradictions ; de là encore des décisions en désaccord absolu avec le principe et la distinction fondamentale admise : l'équité et la justice le voulaient ainsi. Par exemple nous avons vu que souvent la Jurisprudence n'avait pas osé proscrire absolument tout mode de preuve autre que l'acte authentique même à l'égard des créanciers et qu'elle avait admis comme pouvant les substituer certaines pièces probatoires, par exemple lorsqu'il s'agit d'offices et de fonds de commerce.

Nous rappelons en outre les diverses fluctuations de la jurisprudence quant à l'application de l'art. 1504 dans les rapports entre les époux lorsqu'il s'agit d'apports initiaux.

Que résulte-t-il des applications que la jurisprudence fait de son système ? Quelles sont les conséquences de ses divergences de vue avec la doctrine actuelle ? L'incer-

1. Cour de Cassation 15 mai 1899. S. 1900, 1-113.

titude et le doute ; de là, les conflits nombreux qui s'é-
lèvent à propos de la question de preuve ; jamais matière
n'a été plus féconde en procès ; c'est qu'il s'agit là des
intérêts les plus graves et les plus importants, des droits
que la femme s'est réservés propres pour lui servir de
garantie et pour l'assurer contre l'activité du mari et les
risques du veuvage.

Il est donc de toute nécessité que l'on rétablisse un peu
d'ordre et de stabilité dans le chaos actuel et qu'une interprétation plus juridique des textes, mais surtout plus
souple et plus flexible vienne donner satisfaction aux intérêts pratiques.

SECTION VII. — *Essai d'une théorie nouvelle.*

Nous allons essayer de reproduire les grandes lignes
de la conception générale qui a été exposée pour la première fois par notre éminent maître M. Saleilles, dans son
cours de cette année (1899-1900), en ce qui concerne cette
question de preuve des reprises mobilières.

Après avoir fait la critique de tous les systèmes qui
prennent comme point de départ une distinction que n'autorisent point les termes de la loi, M. Saleilles se plaçant
en face des textes en donne une analyse à la fois très simple et très juridique ; il les interprète tels qu'ils se présentent sans essayer d'y introduire des réserves ou des
divisions qu'ils n'ont jamais eu en vue.

Et d'abord le Code civil pose une règle de droit commun pour toutes les hypothèses, c'est l'article 1499, règle
qui ne comporte en principe aucune distinction.

Puis il apporte une exception à cette disposition générale dans l'article 1504, en ce qui concerne les meubles échus pendant le mariage : cette exception ne se justifie ni par le caractère des reprises, comme le prétendait M. Bufnoir, ni par les intérêts en cause, comme le prétendait la jurisprudence mais seulement à raison de l'espèce en question ; en d'autres termes parce qu'il s'agit de succession échue pendant le mariage et que la femme est présumée n'avoir pas l'indépendance nécessaire pour se ménager les preuves dont elle aurait besoin.

Voilà en quelques traits tout son système.

Il faut voir maintenant quelles sont les résultats auxquels il nous conduit. Pour plus de simplicité et dans un but de méthode, pour être entièrement libres dans l'interprétation de la règle de l'art. 1499, nous allons commencer par nous débarrasser de l'exception, de l'article 1504.

Article 1504. Mobilier échu pendant le mariage. — Il s'agit dans ce texte de la preuve des mobiliers échu par voie de succession au cas du mariage et la loi autorise dans cette hypothèse la femme à faire sa preuve par tous les moyens, même par commune renommée ; voilà tout ce que dit le texte. Il faut donc en principe repousser toute distinction, d'abord la distinction entre les reprises en nature et les reprises en valeur que proposait M. Bufnoir : l'article ne vise pas seulement le cas où la femme est créancière il comprend dans son champ d'application l'hypothèse où elle veut reprendre en nature son mobilier de succession ; il n'y avait en effet aucune raison de distinguer ; non seulement le texte, mais le bon sens s'y opposent. Serait-il raisonnable en effet d'accorder à la femme toutes les facilités de preuve qu'autorise le texte lorsqu'elle invoque un droit de créance et qu'il lui faut donner le détail et l'énumération du mobilier pour en déterminer les bases et les lui refuser lorsqu'elle veut reprendre en nature ces effets, puisqu'ils sont dans le patrimoine et que l'identité est certaine ?

En second lieu, la solution doit être la même que les reprises aient lieu entre époux ou à l'égard des créanciers. S'il en était autrement la femme serait entièrement sacrifiée aux tiers, la protection que l'on prétend lui accorder serait mensongère et l'on irait directement à l'encontre de l'esprit et du but de la loi.

Le code part en effet de cette idée que tant que dure le mariage la femme est sous la dépendance du mari administrateur des propres, qu'elle lui a abandonné la gestion de son patrimoine et qu'il lui est donc impossible de se ménager sa preuve lorsque le mari s'y refuse. A raison de cette situation, la loi déroge au droit commun et donne à la femme toutes les facilités de preuve. Il s'agit là d'une garantie qu'imposent les raisons d'équité et de justice ; ce n'est pas autre chose que le système enseigné par nos anciens auteurs, par Lebrun et Pothier, mais restreint au mobilier futur.

Si tel est le but de la loi, toutes les garanties qu'elle prend seraient inutiles si elles n'existaient que dans les rapports des époux entre eux et si on exigeait un acte authentique lorsque le conflit s'élève avec les tiers. Puisque la loi présume que la femme a été dans l'impossibilité de dresser cet acte et de se ménager cette preuve, n'y aurait-il pas une contradiction inexplicable si on venait ensuite en imposer la production à la femme dans l'hypothèse où elle se trouve en face des créanciers ? Une pareille interprétation du texte est inadmissible.

Du reste la comparaison de l'art. 1504 avec l'art. 563 Code Commerce vient corroborer ce raisonnement. Ce dernier texte prévoit le cas où la femme du failli veut exercer un droit de créance ayant pour fondement soit des apports mobiliers, soit des meubles échus au cours du mariage à l'encontre de la masse de la faillite. C'est donc un cas où l'on doit se montrer très rigoureux : or la loi exige seulement que le versement des apports soit constaté par un acte ayant date certaine.

Faudrait-il donc admettre que la loi se montrât moins rigoureuse en matière de faillite qu'en droit commun ?

Cela serait inadmissible et ne pourrait s'expliquer. Aussi pour échapper à cette contradiction la jurisprudence a-t-elle essayé de compléter l'art. 563 par l'art. 560. Cod. Com. L'art. 560, dit-on, exige l'acte authentique ou l'inventaire pour tous les effets mobiliers ; cela comprend l'argent comme le reste et par conséquent les bases de la valeur réclamée par la femme, de sorte que l'art. 560 viendrait combler la lacune de l'art. 563, le raisonnement est exposé dans plusieurs arrêts, en particulier dans un arrêt de la Cour de Cassation du 22 nov. 1886 (1).« Attendu, dit il, que la présomption de l'art 560 et de l'art. 1499 est encore applicable lorsqu'au lieu de meubles, linges ou hardes ou de leur valeur le montant des sommes

1. S. 1889. 465. Voir aussi un arrêt de la Cour de Rouen du 9 mars 1898. *Journal du Palais*. 1899. 2. 165.

ou la valeur des titres au porteur touchés par son mari, et que, comme dans l'espèce l'importance de ces sommes ou de ces titres n'est pas établie par inventaire ou état authentique ; qu'en effet, les art. 1499 et 1510 C. Civ. et 560 C. Com. comprennent dans les mots mobiliers ou effets mobiliers tout ce qui est censé meuble d'après les règles de la loi et par conséquent les sommes d'argent et titres au porteur ».

En vérité cette façon d'expliquer l'art. 560. C. Com. est inadmissible. L'art. 560 exige un inventaire, cela est vrai, mais comme preuve d'identité pour les meubles revendiqués en nature et à défaut de cet acte la présomption d'acquêt est absolue. Mais lorsque la femme invoque son hypothèque légale, elle demande à établir le montan$_t$ de son choix de créance, cela n'a rien à voir avec la question de propriété (1).

S'il en est ainsi nous revenons à cette contradiction invraisemblable que nous indiquons : lorsqu'au cas de faillite la femme se présente comme créancière vis-à-vis de la masse des créanciers, qu'il s'agisse d'apport initial ou de mobilier échu, la preuve du versement par acte ayant date certaine est suffisante ; au contraire, de droit commun, la femme qui se trouve en face de créanciers devrait faire la preuve de ses meubles échus pendant le mariage

---

1. Bressolles. *La femme du Commerçant* p.181. et suiv.: « A consulter les textes on voit d'abord que l'art. 560 C. Com. qui exige l'inventaire ou l'état authentique ne vise que le fait de la femme qui revendique. Il parle seulement de la reprise en nature et il exige les formes exceptionnelles dont il s'agit pour prouver l'identité, chose qui n'est pas en question au cas de reprise en valeur ».

au moyen d'un inventaire ou d'un acte authentique. C'est inadmissible.

Il faut donc, conclut M. Saleilles, admettre que dans tous les cas lorsque la femme veut faire la preuve du mobilier échu au cours du mariage elle peut user de tous les modes de preuve qu'indique l'art. 1504, sans distinguer suivant que la reprise se fait soit entre époux ou à l'égard des créanciers, soit en vertu d'un droit de créance ou de propriété.

Telle est la règle. Cependant il y a entre les reprises en valeurs et les reprises en nature une distinction qui ressort, non pas des textes, mais des faits et de la nature des choses :

C'est que pour les reprises en nature il y aura à faire une preuve de l'identité tandis que pour les reprises en valeur le caractère de la preuve sera différent, et il suffira de justifier qu'une valeur en bloc a été touché par la communauté.

La preuve de l'individualité des meubles pourra se faire par tous les moyens possibles, même par commune renommée ;

A ce droit commun l'article 560 du Code de Commerce apporte une limitation il exige même pour les effets mobiliers advenus par succession, donation entre vifs, ou testamentaire, que l'identité en soit prouvée par inventaire ou tout autre acte authentique, sinon la présomption d'acquêt l'emporte.

Il restera alors à la femme une ressource : celle de demander la valeur de la succession à titre de créancière : c'est le cas prévu par l'article 563, du Code de Commerce.

Ici encore les facilités de preuve du droit commun ne sont plus permises : la femme devra prouver par un acte ayant date certaine que la valeur a été touchée par le mari. Donc si une quittance ayant date certaine existe, la preuve sera faite, l'article 563 n'exige pas autre chose. Au lieu d'une quittance, ce pourrait être encore un acte du mari portant reconnaissance de ce qu'il a touché.

Mais si ces actes n'existent pas, s'agissant de faillite, aucune preuve ne pourra les suppléer parce que le texte de l'article 563 est formel.

Donc pour les reprises en valeur au cas de faillite il est dérogé aux facilités de preuve de l'article 1504 mais non pas comme le veut la jurisprudence en ce qu'on exigerait un inventaire authentique du mobilier, mais en ce qu'il faut un acte ayant date certaine qui constate le versement de la valeur tombée en communauté.

Mais si nous laissons de côté l'hypothèse de la faillite, on doit conclure que pour le mobilier de succession la femme à l'égard de tout le monde peut toujours faire la preuve par tous les moyens possibles, sauf, lorsqu'il s'agit de reprises en nature, l'obligation de faire la preuve de l'individualité des meubles.

Article 1499. *Mobilier présent.* — Après l'exception qu'apporte l'article 1504, M. Saleilles examine la règle générale qui est formulée par l'article 1499 pour tous les autres cas.

La jurisprudence admettait que ce texte posait une présomption absolue, mais seulement dans les rapports avec les créanciers. Telle était également l'opinion de

M. Bufnoir, mais seulement en ce qui touche les reprises en nature.

M. Saleilles considère lui aussi que cet article établit en dehors des modes de preuve qu'il prévoit une présomption d'acquêt qui est irréfragable et cela dans tous les cas, sans distinguer en principe entre les époux et les créanciers, ni entre les reprises en nature ou en valeur.

Sa doctrine, semble donc se confondre avec celle de M. Laurent. Ce n'est qu'une apparence et nous verrons qu'il n'en est rien car si le point de départ est le même, les divergences apparaissent dans l'interprétation des termes de la loi et sur le terrain des résultats.

Donc en principe, sans distinction ni réserve, sauf le cas où il y a un inventaire ou un état en bonne forme, la présomption de la loi est absolue. Telle est la règle, demandons-nous maintenant comment elle se justifie.

Et d'abord, si on admettait la conception opposée, si on admettait tous les modes de preuve pour faire disparaître la présomption, l'art. 1499 serait un texte inutile ; il a précisément pour but de limiter aux deux procédés qu'il énumère la possibilité d'écarter la présomption.

On a cherché à établir qu'il s'agissait là d'une présomption ordinaire en demandant un appui à l'art. 1402 en matière d'immeubles. Cet article, a-t-on dit, pose lui aussi une présomption d'acquêt, mais il admet toute preuve contraire, il doit donc en être de même lorsqu'il s'agit du mobilier !

Tel est le raisonnement, mais on oublie ou on semble oublier qu'il y a une différence capitale entre les deux textes. L'article 1402 ne dit pas comment l'époux prouvera qu'il avait la propriété ou la possession de l'immeuble prétendu propre, il réserve entièrement cette question et l'abandonne aux règles générales du droit commun. Il n'en est plus de même de l'article 1499 : la loi ici a déterminé les modes de preuve qui effacent la présomption qu'elle pose et elle les énumère limitativement. C'est donc bien la preuve qu'en dehors de l'inventaire et de l'état en bonne forme la présomption est absolue.

La justification de cette interprétation résulte non seulement des termes de la loi, mais encore de son esprit et de son but. Le code considère à tort ou à raison, contrairement aux idées de Pothier, que du moment que les époux font un contrat de mariage, et il y en a forcément un ici puisqu'il s'agit ici de communauté conventionnelle, c'est aux époux d'individualiser leur mobilier pour empêcher la confusion avec les biens de communauté et qu'à ce moment la femme étant indépendante et se trouvant sur un pied d'égalité avec le mari, il n'y avait pas de raison pour lui faire une situation privilégiée. Ceci posé, si les époux font un contrat, mais s'ils évitent d'énumérer et de détailler leurs apports ou tout au moins d'en indiquer la valeur, le code voit là un procédé de preuve suspect, il n'admet pas que cette justification des apports puisse résulter d'une preuve que les époux se seraient ménagés aux cours du mariage sous la menace de la déconfiture ou de la faillite et en vue de frauder les créanciers.

La pensée de la loi est donc que la justification du montant des apports doit résulter d'une preuve qui ne puisse soulever aucun doute et voilà pourquoi la présomption d'acquêt ne disparaît que devant une preuve sûre, un inventaire ou un état en bonne forme.

Ceci posé, voyons ce qu'il faut entendre par ces actes dont parle l'art. 1499 : c'est ici que M. Saleilles se sépare de la théorie étroite et rigoureuse de M. Laurent.

Ce qui rend inacceptable en pratique le système de M. Laurent, c'est l'exigence d'un acte authentique dans tous les cas. Etat en bonne forme, celà veut dire pour lui acte notarié, acte authentique.

C'était la même conception qu'en avait admise la jurisprudence au moins dans les rapports avec les créanciers.

Mais M. Bufnoir a rendu l'inappréciable service d'écarter en cette matière l'intervention de l'art. 1510 et en outre de supprimer l'exigence de l'acte authentique, d'élargir la notion de ce que l'on doit entendre par état en bonne forme. Pour cet auteur, état en bonne forme ne veut pas dire acte authentique, car cet acte se confondrait avec l'inventaire. La véritable définition en est donnée par l'art. 1504 lorsqu'il énumère les preuves permises au mari en matière de mobilier échu au cours du mariage : il exige un inventaire ou *tout titre propre à justifier de la consistance et valeur du mobilier*, c'est-à-dire, tout titre justificatif, sans qu'on exige aucune forme particulière, mais il faut que ce soit un acte qui en vertu des usages juridiques soit dressé en vue de la preuve et qui par conséquent n'émane que des intéressés. Si donc il s'agissait d'un inventaire dressé par le mari au cours du mariage, ce ne serait pas un titre justificatif, un état en bonne forme.

C'est en admettant cette conception de l'état en bonne forme que M. Saleilles vient tempérer et assouplir l'interprétation en apparence étroite et rigoureuse qu'il donne de l'art. 1499.

Il accepte donc comme application de cette idée toutes les solutions admises par M. Bufnoir. L'état en bonne forme pourra consister en un inventaire sous seing privé d'une succession antérieure au mariage, en un compte de tutelle, d'administration légale, en une créance constatée par écrit avant le mariage, en un titre nominatif dont le transfert a été constaté sur les registres de la société.

Mais il faut aller plus loin et se montrer très large dans la conception de l'état en bonne forme : tout titre conforme aux usages, tout acte donné dans les conditions ordinaires des modes de preuve même s'il est sous seing privé sera suffisant. C'est que, s'il faut rejeter la preuve suspecte qui résulterait d'un état dressé au cours du mariage par le mari, parce qu'il n'est pas dans les usages d'attendre plusieurs années pour constater le mobilier apporté aux époux, on peut admettre, lorsque l'inventaire ou l'état du mobilier respectif a été dressé par les deux intéressés immédiatement après le mariage, qu'il y a là un titre qui en vertu des usages a été dressé pour la preuve. En d'autres termes il faut que le juge ait le droit d'apprécier l'acte sur lequel on se fonde. Il faut ici repousser toute idée de forme solennelle et sacramentelle et écarter les catégories légales, étroites et rigides : le titre justificatif n'est pas celui que la loi a déclaré tel, c'est celui que le juge a considéré comme tel en vertu de la pratique et des usages courants.

En réalité M. Saleilles revient aux solutions traditionnelles de nos anciens auteurs, de Lamoignon, Lebrun, Auzanet : l'inventaire reste la preuve normale, mais il faut admettre subsidiairement la preuve par acte écrit, c'est-à-dire tout acte justificatif, même sous seing privé de nature à établir le détail et la consistance des apports.

En d'autres termes, tout ce qu'a voulu la loi, c'est repousser en cette matière l'admission de la preuve testimoniale.

Ceci posé, il y a une distinction à établir entre les reprises en nature et les reprises en valeur, mais elle ne résulte pas des textes et des termes de la loi, elle est forcée et dérive de la nature des choses et des faits.

Reprises en nature. — C'est que, cela a déjà été dit, la reprise en nature impose la preuve de l'identité, de l'individualité de l'objet et une pareille justification ne peut résulter que d'un inventaire ou d'un état énumératif qui permette de reconnaître, dans la masse, la fortune mobilière propre qui s'y trouve confondue.

Reprises en valeur. — En ce qui touche les reprises en valeur, une distinction s'impose. Voici les trois hypothèses qui peuvent se présenter :

1° Il peut arriver que la valeur réclamée ne résulte pas d'une estimation faite au contrat. Elle représente des objets individualisés apportés en mariage et qui ont disparu, qui ne se retrouvent plus à la dissolution du mariage.

2° Le second cas est celui où la valeur représente non des objets individualisés mais des sommes, des deniers qui figuraient au contrat.

3° La dernière hypothèse est celle où la valeur a pour

fondement des objets individualisés dont l'estimation était portée en bloc au contrat.

Première hypothèse. — Voyons le premier cas. La créance en reprise est fondée sur l'apport d'objets individualisés qui ne se retrouvent plus en nature dans le patrimoine et qui n'ont pas été estimés dans le contrat.

Il est évident que pour fixer le montant de la créance c'est-à-dire pour faire l'estimation de l'apport, une reconstitution du patrimoine mobilier est nécessaire. Cette évaluation ne peut donc avoir pour base qu'une preuve d'identité qui devra résulter des procédés énumérés par l'art. 1499, d'un inventaire ou d'un état en bonne forme.

C'est en ce sens que M. Saleilles admet qu'il n'y a pas à distinguer entre les reprises en nature et les reprises en valeur, car ici le montant de la créance dépend d'une preuve d'identité. On échappe donc avec cette conception aux conséquences inadmissibles qui résultaient à cet égard de la distinction que proposait M. Bufnoir et d'après lesquelles la femme qui ne pouvait exercer ses reprises en nature faute d'une preuve suffisante, pouvait cependant en reprendre la valeur en invoquant son hypothèque légale grâce aux facilités de preuve de l'article 1504.

Deuxième hypothèse. — Supposons maintenant que les apports aient consisté en deniers, en sommes d'argent ou encore en titres au porteur, ce qui est la même chose. Si la femme prétendait avoir apporté ces valeurs sans que le montant fût indiqué dans le contrat, il faudrait qu'elle fît la preuve de cette somme par un titre justificatif analogue à celui dont parle l'art. 1499.

Mais il faut supposer que la somme a été portée dans

le contrat : la femme ou le mari a déclaré apporter une valeur déterminée.

Nous avons sur ce point, ou plutôt sur un point analogue un texte, l'art. 1502 qui traite de la question de preuve en matière de promesse d'apport, de clause de réalisation indirecte. Il distingue suivant que la promesse a été faite par le mari ou la femme, en ce qui concerne le mari la preuve du versement qu'il devait effectuer résulte de la déclaration portée au contrat que son mobilier est de telle valeur. On ne peut en effet exiger une quittance puisque le mari est chef de la communauté et qu'alors il se fût donné quittance à lui-même : cette formalité eût été absolument vaine.

Au contraire l'apport de la femme n'est pas suffisamment justifié par la simple déclaration contenue au contrat et portant indication de sa valeur : il faut que la femme produise une quittance du mari.

Telle est la règle posé par l'art. 1502. On a voulu soutenir que cette disposition trouvait son application sans notre hypothèse c'est-à-dire en ce qui touche la preuve de l'apport en deniers dont le montant est indiqué dans le contrat. (1)

M. Saleilles repousse ici cette prétendue intervention de l'art. 1502. Ce n'est pas que les solutions auxquelles il aboutit ne soient pas les mêmes, seulement il les adopte en vertu des principes généraux et non par application de l'art. 1502 ; ceci est très important.

___

1. Aubry et Rau, V. § 523, note 15 ; Rodière et Pont, t. II, n°
1273, *Revue Critique*, t. 2, page 528.

C'est que l'art. 1502 règle une situation tout à fait particulière et différente de la question de preuve des propres En matière de reprises, il s'agit en effet de savoir comment les époux vont faire la preuve du versement des meubles qui sont sans doute tombés dans la communauté mais qui leur étaient réservés propres et dont la valeur leur est due.

De quoi s'occupe l'art. 1502 ? De la preuve suivant laquelle l'apport a été fourni et versé en communauté ; l'art. 1502 a en effet en vue le cas de promesse d'apport, le cas où une somme a été garantie et promise à la communauté pour y rester : le mari comme chef de la communauté a le droit d'en exiger le paiement et il s'agit de savoir comment ceux qui ont constitué la dot prouveront qu'elle a été remise au mari ; à cette question l'article 1502 répond par la distinction que nous avons exposée suivant qu'il s'agit du mari ou de la femme.

Au contraire au cas de reprises mobilières il est encore question d'apports sans doute, mais d'apports réservés propres que les époux pourront prélever et que la femme grâce à son hypothèque légale reprendra contre les créanciers de la communauté et du mari. C'est donc une hypothèse tout à fait différente et l'art. 1502 ne s'applique pas en cette matière.

Mais en vertu des principes généraux les solutions, par suite d'une coïncidence qui s'impose, devront être les mêmes en matière de reprise d'une somme d'argent portée au contrat.

C'est qu'il s'agit, non pas d'établir la base de la valeur réclamée, celà est indiqué par l'acte ; il s'agit seulement de prouver que cette somme a été versée et pour celà il suffit d'appliquer les principes généraux. Or, de droit commun, cette preuve doit se faire par une quittance. Mais lorsqu'il s'agira du mari, en dehors de toute disposition légale, il faut admettre que les nécessités de fait et la nature des choses nous imposent les solutions de l'art. 1502, il serait ridicule d'exiger que le mari se donnât quittance à lui-même.

Il n'y a pas un pur intérêt théorique à écarter l'art. 1502 en cette matière et à déclarer que les solutions admises le sont en vertu d'un raisonnement de principe et non comme une application des textes. L'intérêt pratique de cette distinction va apparaître en ce qui touche la troisième classe de reprises en valeur.

Troisième hypothèse. — Cette hypothèse est la plus fréquente. Il est en effet très rare que les époux apportent en mariage uniquement des deniers. Ordinairement les époux possèdent une série d'effets mobiliers qui comprennent à la fois des valeurs, de l'argent et des objets corporels. Il est d'usage dans les contrats de donner l'énumération et la description des titres et valeurs. Mais, pour les objets mobiliers corporels, ordinairement on les estime en bloc sans en dresser l'inventaire. Parfois même on fait une estimation d'ensemble qui comprend à la fois les meubles et les valeurs. Les époux se réservent donc le droit de reprendre le montant de ces apports. Quelle preuve devront-ils fournir ?

S'il s'agissait d'un apport promis à la communauté et s'il y avait à en prouver le versement, la justification se ferait suivant les conditions et les distinctions de l'article 1502.

Mais il s'agit ici de savoir comment les époux voulant prélever la valeur indiquée au contrat et qu'ils se sont réservée propre pourront faire leur preuve ; pourront-ils la faire d'après les règles de l'article 1502 ?

La jurisprudence, lorsqu'il s'agit de la femme mettant en œuvre son hypothèque légale se refuse à appliquer cet article.

Elle ne se contente ni de l'estimation portée au contrat, ni d'une quittance sous seing privé délivrée par le mari (1) ; elle exige encore ici la formalité de l'inventaire ou de l'acte authentique.

Au contraire dans les rapports des époux entre eux elle paraît se contenter d'une simple quittance, peut-être même du seul fait qu'il y a eu estimation, au moins lorsqu'il s'agit de la femme.

Quant à M. Bufnoir, nous savons qu'après avoir longtemps hésité, il s'était décidé à faire ici purement et simplement application de l'art. 1504 et qu'il permettait à la femme toutes les facilités de preuve qu'accorde cet article.

Quelle solution adopte sur ce point M. Saleilles ?

Et d'abord, il commence par distinguer nettement cette hypothèse de la précédente. C'est que dans celle-ci la valeur indiquée au contrat représentait de l'argent, donc il ne pouvait être question d'en justifier le montant par un inventaire détaillé.

1. Cour de Cassation. 15 mai 1899. *Revue du Notariat et de l'Enregistrement,* n. 10391.

Ici au contraire la valeur d'estimation n'est qu'une valeur représentative, derrière laquelle se trouvent des immeubles individualisés de catégorie très diverse. Et alors la véritable preuve, celle qui pourrait établir d'une façon certaine que le versement a été fait, ce ne serait pas une quittance puisque la quittance peut porter sur des valeurs qui n'auront pas été payées, la véritable preuve serait l'énumération et la description des différents objets afin qu'on en pût constater l'identité dans le patrimoine et qu'on pût être sur qu'ils aient été vraiment apportés. C'est pour celui que la jurisprudence en cette matière faisait l'application de l'article 1499 et, sans se contenter d'une simple quittance. exigeait l'inventaire ou l'état authentique.

Mais M. Saleilles ne croit pas qu'il puisse être question d'invoquer dans cette hypothèse l'art. 1499 : c'est que cet article vise uniquement une question de présomption d'acquêt et par conséquent une preuve d'identité. Or ici il ne s'agit pas de savoir si tels ou tels meubles sont la propriété de la communauté ou des époux, non, puisque l'époux créancier reconnaît et avoue que tous les immeubles en la possession du mari sont à la communauté, donc il ne soulève pas la présomption d'acquêt ; nous sommes donc en dehors de l'hypothèse prévue par l'art. 1499 qui vise seulement une question d'identité.

La preuve à faire ici, c'est que la valeur portée au contrat a été touchée par le mari chef de la communauté, c'est que la valeur d'estimation a été versée dans la communauté.

Donc, déclare M. Saleilles, puisque nous ne pouvons

appliquer l'art. 1499, la solution juridique qui nous reste est de s'en rapporter aux principes généraux en matière de preuve.

C'est donc à celui qui invoque un droit de créance à faire la preuve qu'il a versé la valeur promise et toujours en vertu des principes généraux, il faudra une quittance et cette justification sera suffisante (Art. 1315 et 1341).

Or s'il s'agit du mari, il ne peut se donner quittance lui-même, mais ce qu'il peut faire c'est d'établir un état descriptif de son mobilier et de se constituer un titre quelconque ayant une valeur suffisante et cela est possible puisque dans notre hypothèse il ne s'agit plus d'argent mais de meubles divers ; donc en ce qui concerne le mari, M. Saleilles s'éloigne des solutions de l'art. 1502, disposition qui ne vise nullement la question de reprises.

Enfin M. Saleilles admet que si le contrat porte que la célébration vaudra quittance, cette clause fera preuve entre les époux du versement des apports et celà d'une façon absolue.

Mais à l'égard des créanciers, elle ne constituera qu'une simple présomption de paiement susceptible de preuve contraire.

D'ailleurs il considère également que même la quittance délivrée à la femme ne constituerait pas non plus une preuve absolue, à l'égard des créanciers, de la réception du mobilier par le mari, mais qu'elle aussi engendrerait une présomption de paiement susceptible d'être combattue par la preuve contraire.

M. Saleilles en arrive donc lui aussi à une distinction entre les époux et les créanciers ; mais cela ne résulte pas des textes et de la loi, ces différences de solutions tiennent à une distinction très importante en ce qui touche la théorie de la preuve ; c'est qu'il y a deux sortes de procédés de preuve : d'abord les modes de preuve proprement dits, c'est-à-dire ceux qui supposent une concordance absolue entre le fait allégué et le fait réalisé ; puis il y a ceux que M. Saleilles appelle *les contrats de preuve*, ce qu'on appelle quelquefois *les contrats de reconnaissance*, lesquels impliquent non plus une concordance exacte avec la réalité, mais qui impliquent l'engagement de la part des contractants de tenir pour établi le fait allégué et reconnu par eux-mêmes s'il ne correspondait pas à la réalité : c'est un forfait contractuel. Or l'exemple le plus frappant en est précisément cette clause si usitée dans les contrats de mariage que la célébration vaudra quittance et que par le fait seul de cette célébration le futur époux sera chargé de la dot ; cette convention n'implique pas forcément la preuve du versement effectif de la dot puisqu'au moment où intervient cette clause ce fait n'est pas encore accompli, on ne sait même pas s'il le sera et cependant les époux se sont engagés à ne pas contester entre eux ce paiement une fois l'évènement libératoire réalisé : c'est un contrat relatif à la preuve ; pour avoir le droit de faire la preuve contraire il faudrait alléguer le dol ou se fonder sur l'enrichissement sans cause.

Il faut en dire autant de la quittance délivrée à la femme : vis-à-vis d'elle, cet acte constitue une preuve complète de sa libération, une reconnaissance de paiement qui s'impose et la lie puisque son acceptation est un contrat et que le mari reconnaît avoir reçu et s'engage à ne pas réclamer. Ce contrat de reconnaissance, cette quittance fait donc pleine preuve du paiement qu'il énonce et de la libération de la femme.

Mais il n'en est plus de même à l'égard des créanciers lorsque celle-ci invoque contre eux sur hypothèque légale car ce sont des tiers et à leur égard on ne peut invoquer que des modes de preuve proprement dits, et après le fait allégué doit correspondre au fait réalisé et on ne peut leur opposer un contrat qui implique une renonciation à contester la réalité des faits; ils n'y ont pas été partie.

La conclusion de M. Saleilles est que la clause usuelle d'après laquelle la célébration vaudra quittance et même la quittance délivrée à la femme n'ont à l'égard des créanciers que la valeur d'une présomption susceptible d'être combattue par la preuve contraire.

En outre il est certain que dans aucun cas s'il y avait uniquement dans le contrat une déclaration d'estimation et qu'on n'eût pas indiqué qu'elle vaudrait quittance, cette simple indication ne serait pas au moins vis-à-vis des créanciers un mode de preuve absolu, il n'y aurait même pas présomption de paiement. Tout ce qu'on pourrait peut-être admettre c'est qu'entre les époux il y a là un contrat tacite, une reconnaissance tacite qui les lie, mais à l'égard des créanciers, il n'y a rien.

Jusqu'ici nous avons examiné l'hypothèse où la preuve du versement des apports résulterait d'une quittance.

Mais puisque en toute cette matière M. Saleilles fait l'application pure et simple du droit commun, puisqu'il n'est pas lié par l'article 1502 qui aurait imposé forcément que la justification fût faite par la quittance, ce mode de preuve n'a rien d'exclusif et les époux ont la faculté d'y suppléer suivant les principes généraux ; c'est ainsi qu'il n'y aurait aucune impossibilité à admettre la preuve testimoniale si la femme avait un commencement de preuve par écrit, un titre émanant du mari. Mais alors nous serions ici en présence d'un mode de preuve proprement dit qui établirait d'une façon absolue le paiement effectif de la dot même au regard des créanciers (1).

Telle est la théorie que propose M. Saleilles. Son grand mérite est que tout en respectant les textes, elle évite la raideur des autres systèmes qui veulent soumettre aux mêmes règles juridiques strictes et rigides les espèces les

---

1. D'après M. Saleilles cette théorie des contrats de preuve entre époux pourrait encore étendre considérablement dans leurs rapports l'interprétation qu'il a donnée de l'article 1499. Il y a en effet certains procédés de preuve qui peuvent être jugés insuffisants comme modes de preuve au sens de cet article, qui ne pourraient être des titres justificatifs et qu'il serait impossible d'invoquer contre les tiers mais qui cependant pourraient être allégués entre les conjoints en tant que contrats de preuve impliquant une convention tacite susceptible de valoir à leur égard. Ce pourrait être un inventaire dressé entre époux longtemps après le mariage ; ce titre serait insuffisant et considéré comme suspect vis-à-vis des créanciers. Mais est-ce qu'il ne pourrait pas valoir entre époux ? Est-ce qu'il n'y a pas entre les intéressés un contrat qui les lie, un engagement qui les oblige à reconnaître comme vraie l'énumération et la description des meubles ?

M. Saleilles en matière de reprises en nature en arrive donc encore à établir une distinction suivant que le conflit s'élève entre époux ou vis-à-vis des créanciers.

plus variées et les plus différentes.C'est ce manque de sou-
plesse qui engendre les difficultés insurmontables qui sur-
gissent lorsqu'on veut appliquer leurs formules théoriques.
Le système que présente M. Saleilles est au contraire plus
flexible : très simple à un point de départ, il devient très
complexe dans ses applications car il vise et atteint des
situations très distinctes et très diverses et s'adapte à
chacune des nuances des réalités pratiques et des phéno-
mènes juridiques. En principe il ne faut aucune distinction
entre les époux et les tiers ; mais en fait il établi des différences assez nombreuses qu'impose la théorie des contrats de preuve. De même, en principe il ne distingue
pas entre les reprises en nature et les reprises en valeur ; en fait il y a entre les deux hypothèses des nuances nombreuses à mettre en relief qui correspondent à des
différences quant à la nature de la preuve.

C'est que, dans un cas, lorsqu'on veut retirer les meubles dont a conservé la propriété individualisée, il y a à
faire une preuve de l'identité et elle ne peut s'établir que
sous les conditions de l'art. 1499. En matière de reprises
en valeur, cette preuve de l'individualité ne se présente
que dans une hypothèse, lorsqu'il n'y a pas d'estimation
au contrat et qu'il faut identifier le mobilier pour calculer
le montant de la reprise. S'il y a une estimation, plus de
preuve d'identité à faire, les justifications portent sur le
paiement et elles restent soumises aux principes généraux.

Le point caractéristique, c'est que tout revient à interdire à la femme la preuve par témoins. Celà tient à ce
que les époux font un contrat et qu'ils ont toujours la

possibilité et le devoir de se ménager la preuve écrite de leurs apports. Or cette preuve serait suffisante si le contrat portait la valeur d'estimation visant l'ensemble du mobilier, car le droit commun reprendrait son empire et la femme pourrait invoquer la preuve testimoniale comme ayant un commencement de preuve par écrit.

2° *Généralisation des règles admises en matière de communauté d'acquêts aux autres clauses de communauté conventionnelle.*

Nous avons étudié jusqu'ici la question de reprise des apports mobiliers sous le régime de la communauté réduite aux acquêts; c'est à ce sujet que la loi a posé les principes.

Il faut nous demander maintenant si les mêmes solutions doivent être étendues aux autres cas de communauté conventionnelle où les époux ont des propres.

Clauses de réalisation. — Parmi les diverses clauses par lesquelles les époux peuvent modifier le régime légal, il faut d'abord citer celle qui exclut de la communauté le mobilier en tout ou en partie, la clause de réalisation.

Or il nous faut ici distinguer deux hypothèses : d'abord la réalisation peut être directe, dans ce cas l'époux déclare exclure expressément tels biens déterminés ; sous cette première forme, cette clause conserve à l'époux la propriété des meubles exclus ; celui-ci pourra donc en effectuer la reprise en nature s'ils se retrouvent dans le patrimoine du mari, en valeur s'ils sont devenus la propriété de la communauté ; il en serait encore de même au cas de réalisation indirecte, si la clause d'apport portait sur un ou plusieurs meubles désignés et spécialisés, **car** ici les époux ont entendu exclure l'excédent du mobilier même quant à la propriété. Les deux modes de reprises peuvent donc se présenter.

La seconde hypothèse est celle par laquelle les futurs époux déclarent apporter à la communauté une certaine somme ou mettre leur mobilier dans la communauté jusqu'à concurrence d'une valeur déterminée : c'est donc l'excédent de l'apport qui est réservé propre, mais dans ce cas, l'exclusion ne porte sur aucun bien objet spécifié, on ne peut déterminer individuellement quels biens appartiendraient à l'époux, quels biens deviendraient la propriété de la communauté, aussi en a-t-on conclu que le patrimoine tout entier appartient à la communauté et que l'époux n'a droit qu'à une reprise en valeur pour tout ce qui excéderait la somme promise.

Quoiqu'il en soit, nous savons que dans les deux cas de réalisation indirecte l'époux devient débiteur envers la communauté de l'apport qu'il s'est engagé à mettre en commun et que l'art. 1502 indique à cet égard quelles justifications doivent être faites pour faire la preuve du versement à la communauté.

Nous avons vu d'autre part que cette preuve était très différente de celle qu'il faut fournir au cas de reprises, car si elle fait la preuve de la libération du promettant, elle ne peut faire celle de l'identité ou du montant des reprises.

En effet, si l'on suppose une promesse d'apport portant sur un objet déterminé, la quittance que donnera le mari ne portera pas l'énumération et la description de l'excédent du mobilier réservé propre et dont l'époux a conservé la propriété.

De même, si l'époux s'est engagé à mettre tout son mobilier en communauté, jusqu'à concurrence d'une somme déterminée, la quittance du mari fera bien preuve de la réception des meubles par le mari, mais comment pourrait-elle donner les éléments qui permettront de calculer le montant de la récompense si le mobilier n'a pas été estimé au contrat : ici encore, il faudrait une énumération et une individualisation du mobilier pour fixer le chiffre de la reprise.

Donc en matière de clauses de réalisation, on retrouve les mêmes difficultés de preuve que sous le régime de la communauté d'acquêts. La conclusion c'est qu'il faut transporter dans cette hypothèse les solutions que nous avons adoptés pour ce régime.

Sans nous arrêter au système de M. Laurent, qui, on le sait, prétend appliquer distributivement les articles 1499 et 1504 et que nous avons réfuté, il faut dire qu'en principe les époux devront faire leurs preuves par un inventaire ou tout autre titre justificatif, sauf l'exception de l'art. 1504.

Clause de reprise et d'apport franc et quitte. — Il y a une autre clause où la question de preuve se pose encore, c'est la clause de reprise d'apport franc et quitte. Elle a pour but d'assurer à la femme un avantage considérable : celui de reprendre au cas de renonciation son apport social en tout ou en partie.

Une jurisprudence très ferme décide que l'effet de cette clause n'est pas de conserver à la femme la propriété individualisée de son apport, ce droit passe à la communauté et la femme ne peut exercer qu'une créance en reprise pour leur valeur.

Mais la doctrine s'élève contre cette solution.Elle était, dit-on, parfaitement conforme aux traditions de notre ancien droit, puisqu'il n'y avait pas alors de propres parfaits.

Mais du moment que tout le monde reconnaît qu'aujourd'hui les époux peuvent conserver la propriété actuelle des meubles pourquoi ne pas l'admettre ici ? (1).

Donc lorsque les biens auront été individualisés, lorsque leur identité aura été constaée la femme pourra reprendre son mobilier en nature, sinon elle se présentera comme créancière de sa valeur. Mais par quels moyens se feront ici les justifications que la reprise ait lieu en nature ou en valeur ? L'art. 1514 ne dit rien. Cependant personne n'a songé à appliquer ici le droit commun général en matière de preuves. Tous les commentateurs, même M. Laurent, s'accordent pour reconnaître que c'est aux règles établies en matière de communautés d'acquêts qu'il convient ce s'en référer (2).

3° *Communauté légale.*

En principe la femme sous la communauté légale n'a que des propres immobiliers parce que d'après l'article

---

1. Baudry-Lacantinerie. *Contr. de Mar.* t. 2. N° 1410.
2. Aubry et Raut. V. p. 496, note 6. — Troplong. t. 3. n° 2097.

1401 tous les meubles des époux au jour du mariage tombent dans la communauté, puis également tous ceux qui leur adviennent plus tard par succession ou donation.

A cette règle la loi a apporté une exception lorsque le mobilier provenant de donation a été réservé propre par le donateur.

Mais il y en a d'autres acceptées par les auteurs et la jurisprudence, d'abord les propres mobiliers par voie de réserve tacite, qui comprennent les souvenirs de famille, les effets personnels de la femme, les objets de travail; il y a encore les propres par voie de subrogation, c'est-à-dire les meubles qui représentent un propre disparu, aliéné; les propres par voie d'attribution légale, ceux qui sont réservés aux époux en vertu des règles sur l'usufruit, en d'autres termes, les simples produits qui dérivent des propres et qui n'ont pas ainsi le caractère de fruits; enfin il y aurait encore peut-être d'autres catégories de propres, par exemple l'assurance sur la vie dont le capital devrait être versé au survivant des deux époux, les rentes viagères également au profit du survivant encore que le capital qu'elle représente provienne de la communauté, la propriété littéraire et artistique, les offices ministériels; mais la question est très controversée en ce qui concerne toutes ces dernières catégories de meubles.

Quoi qu'il en soit, comme les meubles réservés propres aux époux sont très rares sous la communauté légale, la loi a jugé inutile de parler de la question de preuve.

Comment devra-t-elle être résolue ?

Jusqu'ici nous avons examiné le problème sous des ré-

gimes établis par un contrat de mariage et nous avons vu
que c'était précisément parce que les époux avaient la
possibilité de se préparer une preuve non suspecte que la
loi est venue en cette matière faire brèche au droit commun et exiger les formalités de l'inventaire ou de l'état
en bonne forme.

Sous la communauté légale, au contraire, il n'y a pas
de contrat de mariage. Le droit commun général au matière de preuve reprend donc ici son empire lorsqu'il s'a-
git d'apport initial, de mobilier présent; la loi n'avait
aucune raison pour poser ici des preuves plus rigoureuses.

Mais quant au mobilier échu au cours du mariage, par
exemple si nous supposons qu'une donation a été faite à
la femme à la condition qu'elle lui restera propre, la
preuve ici doit être régie par les règles relatives à la
communauté d'acquêts et aux clauses de réalisation, c'est-
à-dire par l'art. 1504. Les considérations qui ont décidé le
législateur à accorder à la femme les facilités de preuve
qu'autorise ce texte se retrouvent ici avec la même force
et il n'y avait aucune raison pour en écarter l'application (1).

4° Régime sans communauté.

Lorsque les époux stipulent qu'il n'y aura pas de communauté, il ne se forme entre eux aucune société de
biens, il n'y a que des propres. Le mari acquiert l'admi-

1. Aubry et Rau. T. 5 p. 290, § 507.

nistration et la jouissance du patrimoine de la femme ce
qui fait naître une confusion de fait entre les fortunes respectives des deux conjoints. Il en résulte donc une présomption de propriété en faveur du mari; il faut se
demander devant quelles preuves elle disparaîtra et s'ef-
facera.

D'après certains auteurs, il faudrait adopter en ce qui
concerne les justifications à produire par la femme un
système de preuve exorbitant du droit commun. Voici le
raisonnement : l'art. 1533 impose au mari toutes les charges de l'usufruit, or parmi ces charges se trouve l'inventaire, (art. 600). Le mari est donc tenu de faire dresser
cet acte non seulement pour le mobilier échu au cours
du mariage, mais aussi pour l'apport initial.

S'il n'a pas obéi à cette injonction de la loi, comme il
serait injuste que la femme supportât les conséquences
de la faute ou de la négligence du mari, il est juste et
équitable de l'admettre à prouver par tous les moyens
possibles, même par la commune renommée, la consistance de son mobilier non inventorié et, ajoute-t-on, cette
faveur accordée à la femme trouve un appui dans les textes elle résulte de la combinaison des art. 1504 et
1415 (1).

Ce système ne nous paraît pas acceptable. C'est qu'il
est très dangereux pour les tiers en permettant à la femme
des preuves de l'art. 1504. Ainsi MM. Aubry et Rau, bien
qu'ils admettent en principe que la preuve par commune

1. Aubry et Rau, t. 5, p. 512, note 7. — Guillouard, t. 3. 1668. —
Rodière et Pont t. 3, 2072.

renommée peut être administrée non seulement contre le mari, mais encore à l'égard de ses créanciers, exigent en cas de saisie mobilière pratiquée sur le mari que la femme établisse son droit de propriété sur les objets saisis qu'elle veut retirer au moyen d'un inventaire ou d'un acte authentique.

Nous croyons qu'en cette matière il faut rejeter au moins pour le mobilier présent, l'application de l'art. 1504. C'est qu'il vise une hypothèse bien déterminée et bien spéciale, celle de succession ou de donation échue au cours de la communauté et qu'il était impossible à la femme d'en faire dresser l'inventaire.

Nous admettons donc que ces motifs se retrouvent dans le régime sans communauté et qu'à l'égard de cette catégorie d'immeubles la preuve large de l'art. 1504 est permise.

Mais il faut s'en tenir là. Lorsqu'il s'agit d'apport de meubles présents, sans doute la loi impose au mari la formalité de l'inventaire, mais nulle part elle n'indique quelle sera la sanction s'il n'a pas été dressé, nulle part elle ne vient permettre à la femme l'usage des preuves de l'art. 1504.

C'est en vain qu'on essaie d'appuyer cette solution sur l'art. 1415, disposition qui semble accorder d'une façon générale à la femme ou à ses héritiers, le bénéfice de la preuve par commune renommée : nous savons que cet article fait seulement allusion au cas de récompenses dues aux époux qui ont payé, dans les dettes d'une succession mobilière ou mixte, plus que leur part de passif.

Enfin les raisons qui autorisent en matière de reprises

l'usage de la commune renommée ne se retrouvent plus ici. C'est qu'en effet il y a un contrat de mariage et il ne tenait qu'à elle de faire constater la consistance et l'identité de son apport dotal ; son état de dépendance ne commence qu'avec le mariage et à ce moment elle est placée sur un pied d'égalité avec le mari. Si elle ne l'a pas fait, si elle s'en est reposée sur le mari elle a manqué de prudence et ne mérite pas que la loi vienne à son aide (1). Nous croyons donc qu'il faudra que la femme produise un inventaire ou un état justificatif pour l'exercice des reprises fondées sur du mobilier présent (2).

5° *Le régime dotal.*

Pour être admise à réclamer la restitution de la dot, la femme est tenue, en règle générale, de prouver qu'elle a été reçue par le mari et elle doit de plus, lorsque la

1. Si cependant on admettait que l'omission de l'inventaire permet à la femme l'usage de la commune renommée, il faudrait limiter l'emploi de cette preuve à ses rapports avec le mari. Quant aux créanciers, ils ne peuvent être punis par une faute commise par le mari à leur égard, la présomption ne s'effacerait que devant un titre justificatif.

2. M. Peliet, après avoir repoussé en cette matière, ou plutôt à propos du régime dotal, ce qui est la même chose, l'intervention de l'art. 1504 permet à la femme en vertu de l'art. 1348 l'usage de la preuve testimoniale, parce que, dit-il, il n'a pas dépendu d'elle de se procurer une preuve littérale.

Il nous semble cependant que rien ne l'empêchait de faire dresser l'inventaire ou l'état du mobilier dans le contrat, puisqu'il en a forcément un.

constitution de dot porte sur un ensemble de biens présents et à venir, établir la consistance des biens dont cette
dot se compose, ou si elle veut reprendre des biens mobiliers dans leur individualité, les détacher du patrimoine du
mari par une preuve d'identité.

Preuve de la consistance ou de l'identité. — Et d'a-
bord, en ce qui concerne le mode de preuve de la consistance et de l'identité la question se pose dans les
mêmes termes qu'en matière de régime sans communauté.
Ici encore, le mari usufruitier de la dot est tenu de dresser l'inventaire ; les mêmes difficultés et les mêmes controverses s'élèvent donc à propos du régime dotal, nous
croyons en conséquence qu'il faut simplement transporter à notre hypothèse les solutions que nous avons exposées au sujet de la preuve des reprises sous le régime
sans communauté.

Preuve de versement. — La seconde justification que
la femme aura à faire c'est la preuve de la réception de
la dot par le mari. Le code reste muet en ce qui concerne
cette question : il faut donc la résoudre par application
des principes généraux. Il en résulte que ces moyens de
preuve varieront suivant que la constitution de dot est
l'œuvre d'un tiers ou de la femme, nous allons donc envisager successivement ces deux hypothèses.

Dot constituée par un tiers. — Dans le premier cas,
la femme qui a été étrangère à la réception de la dot n'a
pu se ménager une preuve écrite du versement.

Elle se trouve donc dans les conditions prévues par
l'art. 1348 d'après lequel les règles de l'art. 1341 reçoi-
vent exception toutes les fois qu'il a été impossible au

créancier de se procurer une preuve littérale de l'obligation qu'il allègue. Si l'art. 1348 trouve ici son application, la femme pourra faire ses justifications par tous les moyens de preuve, même par témoins et présomptions, en l'absence de tout commencement de preuve par écrit et cette preuve sera efficace à l'égard des créanciers (1).

Mais l'art. 1569 va beaucoup plus loin, ce texte décide que dans notre hypothèse la femme est autorisée à réclamer la restitution de la dot sans être tenue de prouver que le mari l'a reçue, si le mariage a duré dix ans depuis l'échéance du terme pris pour le paiement, c'est-à-dire depuis l'époque à laquelle, la dot était devenue exigible, à moins cependant que le mari ne justifiât qu'il a fait des diligences inutiles pour s'en procurer le paiement. Quelle est l'explication de cette disposition? Est-ce une présomption de paiement ou bien cet article a-t-il pour fondement la négligence et la faute du mari?

L'intérêt de cette question n'est pas purement théoriques, car on aboutit à des conséquences et à des résultats pratiques très différents suivant que l'on adopte l'une ou l'autre explication.

Si l'on admet que la femme est dispensée de toute preuve par ce que le mari est présumé avoir reçu la dot lorsque dix ans se sont écoulés depuis l'échéance du terme, cette présomption devrait s'appliquer dans tous les cas, non seulement lorsque c'est un tiers qui a pro-

1. Aubry et Rau t. 5 § 540.
Rodière et Pont. t. 31917.
Arrêt de la cour de Caen, 1er janvier 1834. S. 55-2-2873.

mis la dot, mais même lorsque la promesse émane de la femme. En outre le mari obligé de restituer la dot à la femme ne pourrait cependant pas en demander le paiement au constituant car celui-ci pourrait invoquer la présomption de l'article 1569.

Au contraire si l'article 1569 repose sur cette idée que le mari est coupable d'une négligence ou d'une faute et qu'il doit en subir les conséquences, sans que la femme en souffre, si celle-ci s'était dotée elle-même et qu'elle n'eut pas fait au mari le versement effectif de ses meubles dotaux, elle ne perdrait rien et la faute du mari ne lui nuirait pas ; mais surtout elle ne pourrait adresser aucun reproche au mari qui, par délicatesse ou en vue du maintien de la paix domestique, n'aura pas usé envers elle de moyens rigoureux pour la contraindre au paiement de la dot. La conclusion serait que dans cette hypothèse elle ne pourrait invoquer les dispositions de l'article 1569.

En outre si la dot a été constituée par un tiers qui ne l'a pas remise au mari et si celui-ci a été obligé de la rendre à la femme, puisqu'il n'est plus présumé l'avoir reçue, mais que c'est à titre de peine qu'il en doit la restitution, rien ne s'oppose plus à ce qu'il en poursuive le paiement pendant trente ans contre le tiers débiteur, conformément à la règle générale.

Ces dernières solutions s'imposent en pratique, c'est qu'il serait en effet souverainement inique que le mari qui, pour éviter la discorde et maintenir la paix dans son foyer, a jugé de son devoir de se montrer bienveillant et patient vis-à-vis de sa femme fut obligé de restituer une dot qu'il n'aurait jamais reçue.

D'autre part n'est-il pas juste, si le mari a rendu à la femme une dot constituée par un tiers, mais qui ne lui pas été versée, qu'il puisse en poursuivre le paiement contre ce tiers débiteur? Qu'a voulu en effet la loi? Que la femme ne supportât pas les conséquences de la négligence du mari et que sa dot lui fût restituée, voilà tout ; mais il n'y avait aucune raison pour déclarer éteinte l'action en paiement du mari qui subirait alors un grave préjudice au profit du tiers constituant.

A côté de ces considérations pratiques, les antécédents historiques de l'art. 1569 viennent donner un appui considérable à l'interprétation que nous en donnons. On se souvient en effet que l'origine de la règle posée par l'art. 1569 se trouve dans la loi 33 (Dig. *De jur. dot.*) qui disposait que, si la dot a été constituée *ex necessitate* par un tiers, le mari en était responsable si au moment de la dissolution du mariage le débiteur était devenu insolvable, car le mari était coupable d'avoir négligé les poursuites durant la période de prospérité du constituant. La jurisprudence du parlement de Toulouse reprit cette idée de faute et de négligence du mari pour étendre encore les dispositions de la loi 33. Ce fut seulement le Parlement de Paris qui donnant de la novelle 100 une interprétation erronée avait admis l'idée de présomption et on concluait par conséquent que le constituant était libéré par le délai de dix ans. On se rappelle les protestations qu'avaient soulevées ces solutions parmi les auteurs et les praticiens et que le Parlement de Paris avait fait un retour à la jurisprudence des pays de droit écrit (1).

1. Si l'idée de présomption a été cependant soutenue par certains

Cet historique jette une vive lumière sur notre texte et il n'est certainement pas douteux que le code ait entendu maintenir purement et simplement la conception et les solutions traditionnelles du droit romain et de notre ancien droit.

On peut du reste dire qu'à l'heure actuelle cette controverse n'a plus guère qu'un intérêt historique et que la doctrine et la jurisprudence sont d'accord pour décider que le mari peut poursuivre pendant trente ans le paiement de la dot contre le constituant, et en second lieu pour décider que la femme ne peut invoquer le bénéfice de l'art. 1569 que dans le cas où la constitution est l'œuvre d'un tiers.

Dot constituée par la femme. — Donc dans tous les cas, sans exception, où la dot a été promise par la femme elle-même, elle aura à prouver le paiement au mari ; ici le droit commun reprend son empire car il n'y a plus aucun motif d'y déroger. Il faut donc dire qu'au-dessus de 150 francs, la femme qui réclame la restitution de la dot devra justifier du versement par écrit, car il lui est toujours facile de retirer une quittance du mari au moment où elle s'est libérée et elle est en faute si elle ne l'a pas exigée. Néanmoins comme l'art. 1341 s'applique en notre matière,

commentateurs du code civil, écrit que, ainsi que nous l'avons vu, il y eu quelques auteurs à la fin de notre ancien droit, qui tout en ad' mettant pleinement les solutions des pays du droit écrit et du Parlement de Toulouse, persistaient à donner comme fondement à la dispense de preuve établie au profit de la femme après le délai de dix ans cette présomption de paiement ; on s'explique de cette façon que la controverse se soit perpétuée jusqu'au sous le Code.

il serait parfaitement loisible à la femme d'établir sa preuve par témoins si elle avait un commencement de preuve par écrit, c'est la règle générale. Quoiqu'il en soit il est certain que la quittance sera le mode de preuve normal.

Ces solutions ont cependant été contestées par MM. Rodière et Pont (1). « Ne serait-il pas immoral disent ces auteurs, que le mari pût tirer avantage contre sa femme de la confiance même que celle-ci a eue en lui ?

Si la femme n'a pas demandé une quittance, c'est sans doute parce qu'elle n'en sentait pas la nécessité ; or c'était précisément à lui de le lui faire sentir ; c'est-à-dire qu'il était de son devoir de prendre une inscription hypothécaire, au nom de sa femme, sur ses propres biens : en ne le faisant pas, il a manqué à une de ses obligations comme administrateur de la dot et cette espèce de quasi-délit, comme tous les quasi-délits en général, doit aux termes de l'article 1348 autoriser la preuve testimoniale ».

Nous ne pouvons admettre cette doctrine car elle repose sur des arguments inexacts. Et d'abord elle fait une pétition de principe : on reproche en effet au mari de se rendre coupable d'un quasi délit en omettant de donner à la femme une quittance de la dot ; or pour pouvoir faire ce reproche au mari, la femme devrait avant tout prouver le paiement. En outre la dépendance légale dans laquelle la femme se trouve vis-à-vis de son mari ne saurait à elle seule et indépendamment de tout abus de la puissance

1. Rodière et Pont, t. III, n° 1917.

maritale justifier ici l'application de l'article 1348. Donc abstraction faite du cas où la femme a un commencement de preuve par écrit, on ne saurait admettre la femme à prouver par témoins ou par présomption la réception de la dot par le mari que si par dol, violence, abus de l'autorité maritale, elle s'était trouvée dans l'impossibilité d'obtenir une quittance.

La preuve du versement de la dot se fera donc en produisant une quittance ; or nous savons que c'est là un contrat de preuve, tout comme la clause par laquelle on stipule que la célébration du mariage vaudra quittance.

C'est donc à l'égard des époux une convention qui implique de leur part l'engagement de tenir pour vrai le fait reconnu par eux, de telle sorte que le mari ne serait pas recevable à alléguer la simulation de la quittance ou à attaquer la présomption de paiement que fait naître la célébration du mariage. La quittance entre les époux fait preuve d'une façon absolue.

Mais en est-il de même au regard des créanciers ?

On se souvient qu'en ancien droit, la quittance pour leur être opposable devait contenir mention de la numération et en outre elle devait être rédigée par un notaire. Puis la pratique avait apporté quelques atténuations à cette rigueur et elle distinguait suivant qu'il s'agissait de la preuve d'une dot composée d'objets particuliers ou suivant que la preuve portait sur un ensemble de biens indéterminés ; dans ce second cas seulement on maintenait le principe.

De nos jours cette distinction a été reprise par M. Troplong (1), mais elle n'a pu se maintenir. Pourquoi faciliter la preuve de la femme lorsqu'il s'agit de biens spécialement déterminés par la constitution de dot? Les anciens auteurs répondaient que les créanciers du mari postérieurs au mariage n'avaient qu'à lire le contrat pour savoir jusqu'à concurrence de quelle somme la femme pouvait invoquer son hypothèque légale et les écarter.

Mais de quoi s'agit-il en notre matière ? De la question de savoir si la femme a versé entre les mains du mari la dot qu'elle s'est constituée et nous ne voyons pas très bien en quoi le problème se modifie suivant que la dot se compose d'objets spécifiés ou d'un ensemble de mobilier.

Les créanciers ont donc toujours à craindre une dissimulation et il semble bien qu'à leur égard la preuve devra être la même, ni plus ni moins rigoureuse.

De plus le principe était qu'une quittance authentique, contenant mention de l'énumération des deniers en présence du notaire était seule efficace au regard des créanciers.

L'authenticité fait bien preuve de la date de la quittance et il est certain qu'elle est un excellent moyen pour prévenir la fraude et la délivrance de quittances antidatées, sur la menace de la ruine et de la déconfiture.

Et cependant notre code n'a pas entendu consacrer cette règle traditionnelle, puisque dans le cas où les créanciers ont le plus besoin de la protection de la loi, au cas de faillite, il se contente de l'acte sous seing privé ayant date certaine.

Quant à la mention du versement des deniers, que prou-

1. Troplong, t. 4, 3622 et suiv.

ve-t-elle? Absolument rien, car la numération peut toujours être fictive; c'était donc une formalité inutile.

Aussi les auteurs modernes sont-ils d'accord pour décider que vis-à-vis des tiers, la quittance sous seing privé délivrée par le mari est une preuve suffisante (1).

Nous ne pouvons admettre ces solutions. Les tâtonnements de nos anciens auteurs venaient de la confusion qu'ils faisaient entre les contrats de preuve et les modes de preuve proprements dits, car ils voulaient trouver dans le contrat de reconnaissance la même certitude que dans les procédés de preuve. De même les auteurs modernes en voyant dans la quittance sous seing privée un mode de preuve absolu, commettent la même méprise.

Comme nous l'avons dit déjà, il n'y a là qu'une convention, qu'un engagement qui lie les parties, c'est-à-dire les conjoints; à l'égard des tiers on ne peut invoquer que des modes de preuve proprement dits, ceux qui impliquent une correspondance exacte entre le fait allégué et le fait réalisé. La quittance comme la clause usuelle d'après laquelle la célébration vaudra quittance ne fait donc naître vis-à-vis des tiers qu'une présomption de paiement qu'ils peuvent combattre par la preuve contraire.

1. Auhry et Rau, t. 5, § 55. — Guillouard, t. 4, § 140.

TROISIÈME PARTIE

LES DIFICULTÉS DE PREUVE S'OPPOSENT-ELLES A L'ADOPTION DE LA COMMUNAUTÉ D'ACQUÉTS COMME RÉGIME LÉGAL ?

Nous avons vu quelles difficultés s'élevaient au sujet de la preuve des reprises dans notre droit positif. Une dernière question nous reste à examiner : il s'agit de savoir, comme nous l'avons annoncé au début de cette étude, si vraiment la question de justification en matière de reprises s'oppose d'une façon absolue à l'adoption de la communauté d'acquêts comme régime légal et si, en l'absence de tout contrat, la confusion forcée de notre régime de communauté de meubles et conquêts s'impose.

Le régime légal actuel comprend dans la masse commune tous les meubles présents et à venir des époux. L'explication que nos anciens auteurs donnaient de cette composition de l'actif de la communauté coutumière était tirée d'une présomption de volonté, fondée elle-même sur la faible importance de la fortune mobilière. Mais aujourd'hui, ce n'est plus cette conception économique qui peut justifier le maintien des règles traditionnelles ; cette présomption ne peut plus se défendre, car elle va à l'encontre des tendances et des usages révélés par les clauses usuelles des contrats de mariage. Cette présomption va également entre le bon sens et l'équité sociale, car il est inadmissible que, dans les ménages pauvres, si la femme possède quelques économies, si elle recueille par voie de succession quelques valeurs mobilières, ce petit patrimoine tombe dans la commuauté et deviennent la proie du mari. Cette composition du patrimoine commun constitue un des inconvénients les plus sensibles du régime français ; c'est un des points les plus défectueux, celui qui a soulevé les critiques les plus vives, surtout en ce qui concerne les meubles acquis au cours du mariage (1).

Comment se fait-il donc que ces règles archaïques qui ne répondent plus à notre état social et à nos tendances soient encore maintenues dans notre code ?

Comment se fait-il que l'on n'ait pas adopté comme régime légal, celui qui est en fait le régime de droit commun de tous ceux qui font un contrat, la communauté réduite aux acquêts ?

On a cru trouver, nous l'avons vu, la justification de ces solutions de notre code dans la question de preuve.

Les époux n'ont pas fait de contrat, il n'y a donc pas d'acte écrit qui puisse énumérer les biens qui leur appar-

---

1. *Salaires et misères de femmes,* par M. d'Haussonville, préface page 24.

— *De la confusion du mobilier,* Jousset. *Revue critique.* 1864, page 67.

— Pétition adressée au Sénat. *Moniteur,* 20 mai 1864.

— *Le contrat de mariage,* par Emile Acollas, pages 6 et suiv.

— *Le Féminisme et la femme témoin,* par M. Ingelbrecht. *Rev. politique et parlementaire,* 10 février 1900.

tenaient ; il en résulte une confusion de fait de tous les éléments de leurs patrimoines et alors à défaut de contrat comment distinguer à la dissolution de la communauté ce qui reviendrait en propre à chacun des époux ? Il faut donc s'en tenir au fait extérieur et apparent, c'est-à-dire à la possession unique aux mains du mari chef de la communauté et en conclure que la masse qu'il détient est tout entière commune. « Les associés opèrent un mélange de leur actif mobilier d'où résulte l'impossibilité d'en retrouver l'origine et les parts. » (1).

C'est la raison qui a été donnée par la plupart des partisans du maintien des règles actuelles, c'est l'objection qui a été opposée en 1864 au Sénat, à une pétition qui demandait l'exclusion des meubles présents et à venir de la communauté légale. (2).

C'est du reste en s'inspirant de ce motif que les rédacteurs du code civil ont conservé les règles traditionnelles de la communauté française (3).

1. Troplong tome 1. p. 402.

2. Rapport du marquis de Lavalette, *Moniteur*, 20 mai 1864.

3. Fenet. Tome XIII p. 549.

A la discussion du conseil d'Etat, Maleville demandait l'adoption de la communauté d'acquêts comme régime légal. Il lui fut répondu qu'en l'absence d'inventaire, il serait très difficile de reconnaître à la dissolution de la communauté ce qui appartenait à l'un et à l'autre des époux et qu'il en résulterait des difficultés inextricables.

La proposition de Maleville fut rejetée.

Voir aussi l'exposé des motifs de Berlier, page 668.

« Que l'on admette des distinctions en cette matière, et l'on ne

Pour apprécier ce que valent ces raisons, nous allons distinguer suivant qu'il s'agit de meubles présents ou de mobilier échu au cours du mariage.

Et d'abord occupons-nous des meubles qui adviennent aux époux, pendant le mariage. Ils proviennent, soit de donation, soit de succession. Or il est incontestable qu'à leur égard la règle de notre code qui les fait tomber en communauté ne se soutient pas et que la raison d'une simplification de la preuve fait ici défaut ; en ce qui concerne ces meubles à venir, elle est sans valeur.

Elle est mauvaise d'abord parce qu'en matière de droits mobiliers futurs il y aura presque toujours un titre : s'agit-il de donation, il y aura l'état estimatif annexé à l'acte authentique dont parle l'article 948. Cet inventaire permettra d'établir soit l'identité, soit la valeur des biens donnés.

Quant aux biens provenant de succession, il y aura aussi presque toujours un titre de preuve qui sera l'acte de partage. Pour qu'il fasse défaut, il faut supposer un héritier unique et même dans ce cas il y aura la déclaration à l'enregistrement qui est sans doute suspecte, mais qui constitue cependant un commencement de preuve.

pourra plus y faire un pas sans inventaire. Que d'embarras dans cette seule obligation et que de difficultés dans le recolement ! Reconnaîtra-t-on facilement après un long usage les meubles qui auront appartenu au mari ou à la femme, et qui auront été longtemps confondus ? Et si à défaut de documents écrits, il faut arriver par la preuve vocale, à la connaissance de ce qui appartient à chacun, on en sera-t-on ? Que deviendront surtout le bonheur et le repos des familles ? ».

Mais il y a surtout une seconde raison plus sérieuse. C'est que les difficultés de preuve qu'on objecte sont, lorsqu'il s'agit de meubles à venir, exactement les mêmes qu'il y ait un contrat de mariage ou non.

Au cas de communauté d'acquêts, en dépit de la rédaction d'un contrat, la constatation du mobilier futur serait la même. Les difficultés pratiques ne sont ni plus simples ni plus grandes sous un régime légal, lorsque cet acte fait défaut; dans ce cas, il n'y a donc pas de nécessité inéluctable faisant tomber ce mobilier dans la communauté. La question de contrat de mariage est absolument indifférente. En effet, lorsque cet acte est dressé, il fixe sans doute l'identité et il donne la valeur des meubles présents. Voilà son rôle. Mais il ne peut inventorier par avance les valeurs mobilières à venir.

De sorte que pour cette catégorie de meubles, la femme se trouvera en présence des mêmes difficultés, qu'il y ait un contrat ou que cet acte n'ait pas été dressé. On ne peut donc dire que les règles de la communauté légale sur la mise en communauté du mobilier futur sont justifiées par une raison de simplification pratique résultant de ce qu'il n'y a pas de contrat.

Donc rien ne s'oppose à l'exclusion de la communauté de cette catégorie de meubles, à l'exclusion des meubles à venir. La question de preuve étant indépendante de la rédaction d'un contrat, si la communauté d'acquêts devenait le régime légal, il n'y aurait qu'à admettre purement et simplement le système de preuve que la loi a établi pour la communauté d'acquêts conventionnelle: à défaut d'inventaire, la femme pourrait faire sa preuve par tous les moyens, même par commune renommée.

Tout cela est très important à noter, car les époux qui se marient sans contrat ont généralement peu de mobilier présent, mais il arrive souvent qu'au cours du mariage, il leur advient des successions, des donations qu'ils n'avaient pu prévoir. C'est donc surtout le mobilier futur qui a pour eux une importance capitale, c'est ce petit pécule personnel qu'il est conforme au vœu des parties de leur réserver propre : donc sur ce point, aucune difficulté de preuve ne vient s'opposer à la possibilité des reprises et les règles de la communauté d'acquêts conventionnelle peuvent s'appliquer sans subir aucune modification dans le cas où ce régime deviendrait le régime légal.

Lorsqu'il s'agit de meubles présents leur apport en communauté peut se soutenir parce que si les époux n'ont pas fait de contrat, c'est apparemment qu'ils n'avaient rien ou à peu près rien en propre. C'est donc une simplification que de tout confondre et de faire une seule masse de tous les meubles qu'ils peuvent avoir ; cela est exact en principe. Cependant, il peut arriver que dans les ménages pauvres un des époux apporte quelques petites économies en argent, quelques meubles ; il trouve que cela ne vaut pas la peine de faire un contrat et de payer les frais d'un notaire, et pourtant lorsqu'il s'agit de la femme il est très dur et très contraire aux tendances et aux mœurs si à la mort du mari elle ne peut pas tirer intégralement les quelques droits mobiliers qu'elle a apportés. Avec notre régime légal nous obligeons l'époux sans

fortune à faire un contrat s'il a quelques petites économies dont il veut s'assurer la reprise.

Or en ce qui concerne ces meubles présents, les difficultés de preuve en entraînent-elles la confusion forcée,
s'opposent-elles d'une façon absolue à leur reprise? Tel
est le problème à résoudre.

Il est juste de reconnaître que la règle qui met cette
catégorie de meubles dans la masse commune peut sinon
se justifier, du moins s'expliquer. Elle évite certainement
bien des difficultés et bien des conflits, mais ce résultat
se produit aux dépens des patrimoines personnels.

Si donc leur exclusion de la communauté est à désirer
nous croyons que la question de preuve n'est pas une
entrave à leur reprise.

En effet l'objection que l'on présente est que, s'il n'y a
pas de contrat, il faudra dresser l'inventaire du mobilier
présent si l'on veut en reprendre la propriété ou la valeur
à la dissolution du mariage et alors, dit-on, autant vaudrait faire un contrat que faire rédiger cet état puisque
dans tous les cas il faudrait l'intervention d'un notaire.
Tout cela n'est guère pratiqué puisque le régime légal
est le régime des gens pauvres qui ne veulent pas payer
les frais d'un acte notarié.

Tel est le raisonnement. Remarquons tout d'abord qu'il
repose tout entier sur cette idée que la preuve du mobilier ne peut se résulter que d'un acte authentique.

En d'autres termes, on transporte simplement à l'hypothèse éventuelle de la communauté d'acquêts régime
légal, les règles et les solutions admises en matière de
communauté régime conventionnel.

Et d'abord nous pourrions répondre que l'acte authentique ne s'imposerait pas toujours puisque nous avons
admis la possibilité d'une preuve par état en bonne forme, par état justificatif, même sous seing privé. D'autre
part en ce qui concerne les reprises en valeur la simple
quittance du mari ferait preuve de leur versement et en
autoriserait la reprise.

Mais il faut aller encore plus loin. C'est que si la communauté d'acquêts devenait le régime légal, il ne faudrait
pas résoudre la question de preuve d'après les textes du
code faits uniquement pour l'hypothèse d'un régime conventionnel, pour un régime qui suppose un contrat de
mariage.

Lorsqu'on dresse cet acte la loi doit se montrer plus
sévère en matière de preuve parce que les époux avaient
sous la main le moyen de constater l'identité et la valeur
de leurs apports, d'en dresser l'inventaire.

S'il ne se sont pas ménagé cette preuve, c'est un peu
de leur faute et la loi a le droit de se montrer sévère et
d'exiger une preuve sûre et non suspecte.

C'est là nous l'avons vu l'explication des règles contenues dans l'art. 1499.

Mais s'il n'y a pas de contrat, s'il s'agit d'un régime
légal, il n'y a plus lieu de se montrer aussi rigoureux et
il faut simplement revenir au droit commun en matière
de preuve. N'est-ce pas du reste la solution qu'admet la
la majorité des auteurs dans l'hypothèse, assez rare il
est vrai, de reprise de meubles présents réservés propres
par la loi sous le régime légal actuel de communauté de
meubles et conquêts ? En ce qui les concerne tout le

monde est d'accord pour déclarer que le droit commun général en matière de preuve reprend son empire. C'est donc que l'identité et la consistance de ce mobilier peuvent être prouvées par tous les procédés ordinaires et non pas seulement par un inventaire ou un état détaillé.

S'il en est ainsi, il faudrait donc donner la même solution si la communauté d'acquêts devenait le régime légal. L'art. 1499 n'aurait plus de place puisqu'il n'y aurait pas de contrat et il n'y aurait qu'à appliquer en cette hypothèse purement et simplement le droit commun en matière de preuve : au-dessus de 150 francs la preuve testimoniale avec un commencement de peine par écrit serait suffisante.

Il y aurait peut-être même lieu à déroger en faveur de la femme à ces règles générales et à lui faciliter ses justifications en lui faisant dans tous les cas l'application de l'art. 1504, c'est-à-dire en lui permettant d'user de la preuve par commune renommée au moins dans ses rapports avec le mari.

Sans doute, on ne peut invoquer, en théorie, pour justifier cette dernière solution, des raisons tirées de la situation de la femme, de son incapacité et de sa dépendance vis-à-vis du mari puisqu'il s'agit de meubles appartenant aux époux au jour du mariage et qu'à ce moment les futurs sont sur un pied d'égalité. Cela est exact en principe. Si nous avons repoussé la solution que nous proposons ici sur la communauté d'acquêts conventionnelle, c'est qu'il y avait un contrat, et qu'alors la femme au moment de la rédaction de cet acte était entourée de parents, d'amis qui veillaient à ce que la rédaction d'un inventaire vînt constater les apports, à ce qu'on dressât un état justificatif du mobilier propre et alors l'application de l'art. 1504 ne s'expliquait pas.

Mais dans notre hypothèse, il n'y a pas de contrat, personne ne viendra assister la femme qui se trouvera seule, isolée et qui le plus souvent est ignorante, et n'entend rien aux affaires ; on peut donc affirmer qu'en fait elle sera à la merci, à la discrétion du mari. Souvent par exemple l'apport de la femme consistera en économies que le mari touchera sans donner quittance : ou encore elle pourrait avoir quelques petites sommes déposées à la caisse d'épargne et qu'il retirera. Si donc dans ce cas on laissait la femme sous l'empire du droit commun son droit aux reprises serait généralement bien compromis. On sait en outre que souvent les époux qui ne se sont constitué aucune preuve avant la célébration du mariage, font souvent, après cette époque constater le mobilier qu'ils ont apporté et alors la femme se trouvera véritablement sous la domination et l'autorité maritale. Il serait donc, semble-t-il, très juste et très équitable de lui permettre d'établir son droit aux reprises et l'individualité de ses apports par tous les moyens possibles, même par commune renommée.

Ce serait donc revenir purement et simplement au système adopté par les auteurs du xviii° siècle, par Lebrun et Pothier. Cette solution pourrait peut-être être dangereuse pour les tiers et il y aurait peut-être lieu à leur égard de généraliser dans tous les cas un système analogue à celui des articles 560 et 563 du Code de Commerce : il faudrait exiger de la part de la femme dès qu'il s'agirait d'une preuve d'identité à l'égard des créances, non pas un acte authentique, mais un état justificatif, un état en bonne forme de nature à établir l'individualité et la consistance des apports. De même, si les reprises devaient s'exercer en valeur, la preuve du versement des deniers devrait avoir date certaine.

Quoiqu'il en soit, non seulement la question de preuve ne justifie pas plus dans notre droit actuel qu'en ancien droit la mise en communauté du mobilier présent, mais elle ne l'explique pas.

S'il en est ainsi, rien ne s'oppose donc à l'adoption de la communauté d'acquêts comme régime légal et à l'exclusion de la masse commune des meublés présents et à venir.

QUATRIÈME PARTIE

Droit comparé

ALLEMAGNE

Régime légal de Communauté d'administration. —
Le nouveau code civil allemand a adopté comme régime
légal la Communauté d'administration, *Verwaltungsgemeinschaft*. Ce régime ressemble à notre clause d'exclusion de communauté en ce sens qu'il repose sur cette
idée que les revenus des biens des deux époux sont destinés à supporter les charges du mariage et que dans
ce but l'administration en est confiée au mari (art. 1363).
Le terme de *Verwaltungsgemeinschaft* n'est donc pas
très exact puisqu'il évoque l'idée de communauté d'administration, c'est plutôt un régime d'unité d'administration
dans lequel les biens de la femme, les apports (*Eingebrachtesgut*) sont soumis à l'administration et la jouissance du mari pour les besoins de la famille dont il est
le chef. C'est ce qu'exprime cette formule de l'ancien droit
allemand : *Mann und Weib kein gezweit gut bei ihrem
Leib*, homme et femme n'ont par devers eux qu'un seul
et même bien.

Mais, s'inspirant des traditions germaniques, le nou-

veau code civil allemand fait une brèche importante à
cette unité d'administration car il en exclut certains biens
réservés à la femme.

C'est le *Vorbehaltsgut*, le *Sondergut*, c'est-à-dire les
biens réservés, les objets destinés à l'usage personnel de
la femme, ses vêtements, ses bijoux, ses gains, tout ce
qu'elle acquiert par son travail ou son industrie séparée,
etc.

Ces biens réservés sont du reste l'exception et tout ce
que la loi ne comprend pas expressément dans le *Vorbehaltsgut* est soumis à l'administration du mari.

Durant le mariage, les droits de la femme sont suffisamment garantis et protégés ; elle peut gérer ses biens
réservés sans autorisation maritale puisque la loi allemande
laisse à la femme mariée toute sa capacité. De plus le
mari ne peut sans son concours aliéner les apports. Enfin
la femme est légalement investie du droit de représenter
le mari et d'engager le patrimoine du ménage dans les
limites de la sphère de son action domestique. C'est le
droit aux clefs, *Schlüsselgewalt*, art. 1357.

Mais à la dissolution du mariage ou au cas de séparation de biens, lorsque prend fin la *Verwaltungsgemeinschaft*, le droit allemand n'apparaît plus comme aussi pro-
tecteur des intérêts de la femme. C'est précisément en ce
qui touche la question de preuve que le vice de ce régime se montre. Au moment où cesse le mariage, le mari
est tenu de restituer à la femme les biens par elle apportés, l'*Eingebrachtesgut*. Or il résulte de l'unité d'administration une confusion de fait, une union apparente de
l'apport de la femme et des biens du mari ; cela fait

naître une présomption de propriété en faveur de celui-ci ; c'est donc à la femme ou à ses héritiers qu'incombe la preuve de leurs droits.

Pour les immeubles, ce sera facile grâce aux registres fonciers, le code n'en parle même pas. Au contraire, en ce qui concerne les meubles, la difficulté sera extrême, leur identité ou leur consistance sera difficile à établir puisqu'il n'y a pas eu de contrat et que le code n'étant pas venu sur ce point accorder à la femme certaines faveurs, certaines facilités particulières, le droit commun en matière de preuves sera applicable.

Cependant l'article 1372 donne à la femme une faculté précieuse : « Chaque époux peut demander que la consistance des apports soit constatée par un inventaire dressé contradictoirement avec l'autre époux. Chaque époux peut faire constater à ses frais, par experts l'état des choses faisant partie de ses apports. » Il faut considérer d'autre part que si le mari a l'administration et la jouissance des biens de la femme, il ne peut exercer ces droits qu'à la condition d'obtenir d'elle la possession de ses apports et il ne l'acquiert que suivant le droit commun, c'est-à-dire par l'obtention du pouvoir de fait sur la chose volontairement consenti par la femme. Celle-ci peut donc mettre comme condition à la remise matérielle de ses apports la confection de l'inventaire avec le concours du mari.

Mais même si le mari refusait d'y participer amiablement la femme aurait encore une ressource ; ce serait de l'y contraindre par la voie judiciaire : « Si un des époux se refuse à coopérer à l'établissement de l'inventaire, l'autre époux peut, pour l'y obliger, porter plainte contre lui selon la marche régulière d'un procès » (1).

Mais supposons que cet acte n'ait pas été dressé, et cela arrivera fréquemment, car il s'agit d'un régime de droit commun, c'est-à-dire du régime des gens pauvres qui ne font pas de contrat et il est probable qu'ils recourront rarement à la formalité coûteuse d'un inventaire. La liquidation sera difficile et compliquée, elle fera naître des conflits fâcheux entre l'époux survivant et les enfants, les droits de la femme ou ceux du tiers seront bien souvent sacrifiés.

Notons enfin que même s'il y avait un inventaire les difficultés seraient presque aussi grandes.

Et d'abord l'inventaire n'a pas une force probante absolue, car c'est un acte privé, *Privatinventar*.

Il ne comprend en outre que les apports de la femme existant au moment de sa constitution; en sont donc exclus tous les biens qui deviendront ultérieurement la propriété de celle-ci et quant à ces effets mobiliers on ne peut plus exiger le concours du mari à la confection d'un nouvel inventaire (2). Si donc cet acte a été dressé au début du mariage, les meubles futurs qui proviendront de succession ou de donation ne seront pas constatés; en sorte que l'inventaire initial est une formalité presque inutile et que la preuve des meubles appartenant à la femme sera bien difficile. « Dans un ménage pauvre, et

1. Bürgerliches Gesetzbuch nebst Einführungsgesetz erläuert von Dr. G. Planck, Lieserung, 1372.

2. Planck. Sur l'article 1372.

même à l'heure actuelle dans un ménage riche, le capital social se compose exclusivement de valeurs mobilières. Quelle sûreté possède donc la femme de petite condition en ce qui concerne celles qu'elle ne s'est pas réservées parce qu'un contrat est trop coûteux et qui par suite font partie de l'*Eingebrachtesgut?* On reproche à notre code d'avoir fait plus de cas des immeubles que des meubles, à une époque où la terre était considérée comme la vraie richesse et de leur avoir assuré presque exclusivement sa protection. Que dire alors du Code civil allemand qui à la fin du XIXe siècle laisse la femme exposée à perdre sa fortune » (1)?

A ces objections les commentateurs allemands répondent qu'il y a dans la loi un correctif sérieux à la présomption de propriété en faveur du mari et dans l'alinéa 2 de l'article 1362 : « Quant aux choses destinées exclusivement à l'usage personnel de la femme, spécialement aux vêtements, parures, instruments de travail, dans les rapports des époux entre eux et à l'égard des créanciers l'on présume que ces choses appartiennent à la femme ». Pour cette catégorie de biens, aucune preuve ne devra être fournie par la femme, cela est vrai. Mais il est à remarquer que ces meubles se trouvent précisément faire partie du *Vorbehaltsgut* de la femme, des biens réservés et par conséquent le mari n'en a pas la possession ; il était donc inutile d'en parler ; la présomption ne s'étend qu'aux apports et la difficulté de preuve quant à eux reste entière.

1. De Bieville. *Du régime matrimonial du Code civil allemand,* p. 66.

Que l'on ne vienne pas dire non plus que l'art. 1381 donne à la femme certains avantages qui viennent compenser les inconvénients résultant pour la femme de la présomption de propriété en faveur du mari. Cet article s'exprime ainsi : « Si le mari acquiert des choses mobilières au moyen des apports, la propriété passe à la femme par l'acquisition, à moins que le mari ne veuille pas acquérir pour le compte des apports. Il en est ainsi spécialement même des effets au porteur ou des effets à ordre revêtus d'un endossement en blanc. Les dispositions de l'alinéa 1 s'appliquent par analogie lorsqu'au moyen des apports le mari acquiert un droit à des choses de l'espèce indiquée ou un autre droit dont la transmission s'opère par la simple cession ».

D'abord cet avantage dépend de la volonté du mari ; il ne profite à la femme que si le mari fait l'acquisition pour les apports.

De plus, le code civil allemand ayant conservé la présomption mucienne, d'après laquelle tous les biens acquis pendant le mariage sont considérés comme appartenant au mari, c'est à la femme à faire la preuve contraire (1). Par conséquent, qu'importent ces droits si la femme ne

---

1. Planck, sur l'art. 1362 :

« La communauté de vie des époux fait naître une confusion de fait des fortunes respectives ; il en résulte un doute qui forme obstacle à la reprise des biens acquis, et celà en particulier à cause du droit de gage des créanciers du mari. Les époux en effet cherchent à user de cette confusion pour porter préjudice à ces tiers. Aussi l'ancien droit avait-il établi la présomption que tout ce qui se trouvait en la possession de l'un ou de l'autre était censé appartenir au mari (présomption mucienne) ».

peut les faire valoir vis-à-vis de la masse des créanciers ?

Toutes ces difficultés de preuve quant à la reprise des propres sont plus préjudiciables à la femme dans le droit allemand que chez nous, dans notre régime de communauté d'acquêts. C'est que dans le régime français, lorsque la femme ne peut faire ses justifications, les apports seront présumés acquêts de communauté, de sorte qu'il en reviendra la moitié à la femme. Au contraire dans la communauté d'administration allemande, si la femme n'établit pas sa preuve, les meubles sont censés appartenir au mari. Donc la femme perdra tout.

Quant aux meubles échus au cours du mariage, le code allemand laisse la femme sous l'empire du droit commun en matière de preuves. Or bien qu'elle conserve sa capacité, il n'est pas dit qu'elle gardera toute facilité et toute liberté pour se ménager la preuve de ses droits, car c'est le mari qui est administrateur et usufruitier.

Cette législation si peu favorable à la femme l'est-elle davantage aux créanciers du mari ? Ce serait une erreur de le croire. Sans doute la présomption posée par la loi leur est profitable, de plus on a conservé en leur faveur la présomption mucienne, mais la loi n'exige jamais à leur égard une preuve très sûre, puisque le droit commun est toujours applicable purement et simplement, ce qui facilite singulièrement une entente frauduleuse des conjoints qui sous couleur de reprises d'apport pourront leur enlever une partie de leur gage.

Communauté réduite aux acquêts. — Sous le régime conventionnel de communauté d'acquêts, les époux ont, à la dissolution, à reprendre leur patrimoine propre. Comme dans le droit français le code civil allemand établit une présomption de propriété au profit de la communauté (art. 1527).

Quant à la preuve à établir par les époux, l'article 1528 déclare que chacun d'eux peut exiger que la consistance de ses apports et de ceux de l'autre époux soit établie par la confection d'un inventaire avec le concours de son conjoint et de plus chaque époux peut à ses frais faire établir par experts l'état des choses faisant partie de ses apports ; c'est une disposition analogue à l'article 1372 en matière de communauté d'administration, nous avons vu ce qu'il fallait en penser.

Seulement ici il y a moins d'inconvénients parce que les époux font un contrat ; il est probable qu'ils sont riches et qu'ils n'hésiteront pas à prendre leurs précautions, sinon il est juste qu'ils supportent les conséquences de leur imprudence ou de leur oubli.

Faute d'inventaire, les justifications pourront être faites d'après le droit commun : l'inventaire est donc facultatif.

Sur ce point, le nouveau code civil allemand se sépare des traditions anciennes. D'après le Landrecht prussien, d'après les droits de Bamberg, Castell, Memmingen, Ratisbonne, Sweinfurt et Wurtemberg, c'est-à-dire d'après le droit de la plupart des pays où autrefois la communauté d'acquêts formait le droit commun, chaque époux était tenu de justifier par des inventaires la qualité de propre qu'il attribuait à un bien. Il est à remarquer que cette formalité était toujours exigée; non seulement cet acte devait être dressé lors du mariage, mais il devait au cours de la communauté être tenu au courant de toutes les modifications qui se produisaient dans le patrimoine de l'époux (1). Il semble qu'il eût été préférable de consacrer ces précédents, surtout après avoir admis que la communauté d'acquêts ne pourrait résulter que d'une convention, c'est-à-dire d'un contrat de mariage.

Communauté universelle et Communauté de meubles et acquêts. — Les époux peuvent contenir qu'ils seront en communauté universelle. Il n'y aurait donc qu'un patrimoine unique, un patrimoine commun.

Toutefois même sous ce régime les époux conserveront la propriété actuelle de certains biens, ils peuvent exceptionnellement avoir des propres qu'ils auront à retirer ayant le partage de la masse commune à la dissolution de la communauté : ce sont, dit l'art. 1439 les biens qui ne peuvent être transmis par acte juridique, fiefs, fideicommis, certains biens ruraux etc. Ces propres restent soumis à l'administration du mari et leurs fruits tombent dans la communauté.

Les articles 1527 et 1528 relatifs à la communauté d'acquêts sont applicables à cette catégorie de propres : on présume que tous les biens sont communs et c'est à celui qui les prétend exclus de la communauté à le prouver ; ici étant donné le caractère spécial de ces biens la preuve sera particulièrement aisée ; en outre chacun des conjoints a toujours le droit d'exiger la confection d'un inventaire et une expertise. A défaut de cet acte, il

1. Braun. *Traité pratique de droit allemand*, page, 331.

faut s'en remettre aux principes généraux en matière de preuve.

Les mêmes solutions doivent encore être admises en cas de communauté de meubles et acquêts.

Italie.

Régime légal. — En Italie la séparation de biens constitue le régime de droit commun : ce n'est pas en vertu d'une doctrine d'indépendance que ce choix a prévalu : c'est tout simplement la consécration d'un développement historique et de traditions séculaires (1). Le régime italien était resté le régime dotal. Mais pour qu'il y ait dot il faut un contrat de mariage ; là où cet acte fait défaut, où il n'y a pas de constitution dotale, tous les biens sont paraphernaux : en d'autres termes c'est le régime de séparation de biens.

Le mari n'ayant aucun droit d'administration sur le biens de la femme, il ne se produit aucune confusion, il n'y a donc pas de reprises.

Régime dotal. — Lorsqu'il y a une constitution de dot, les règles ordinaires du régime dotal s'appliquent.

L'art. 1414 du Code civil de 1865 dispose comme notre article 1569 que si le mariage a duré dix ans depuis l'échéance des termes établis pour le paiement de la dot, la femme peut la répéter contre le mari ou ses héritiers, sans être tenue de prouver que le mari l'a reçue, lors-

1. **Art. 1425, Code civil italien.**

qu'il ne sera pas justifié qu'il a fait inutilement toutes les diligences pour s'en procurer le paiement.

Cet article excepte le cas où il s'agirait d'une dot constituée par la femme elle-même : il ne fait donc que consacrer les précédents historiques.

Communauté d'acquêts. — Le code civil italien n'autorise que la communauté conventionnelle réduite aux acquêts ; elle peut être aussi combinée avec le régime dotal.

Pour les biens meubles présents et pour le mobilier propre futur la confection d'un acte authentique est imposée en principe (1). A défaut de ce mode de preuve ou de tout autre titre authentique, le mobilier sera considéré comme acquêt et partagé entre les époux. Telle est la règle.

Mais en réalité cette preuve rigoureuse n'est nécessaire que lorsque les époux veulent reprendre leur mobilier à l'encontre des tiers, des créanciers de la communauté (2).

---

1. Art. 1437 : « Il sera fait par les époux avant le mariage un état authentique de leurs meubles présents : un pareil état sera aussi fait pour les biens meubles qui viendraient à leur être dévolus pendant la communauté. A défaut de cet état ou d'un autre titre authentique, les biens meubles sont considérés comme acquêts de communauté. »

2. Art. 1446. « Le prélèvement autorisé par l'article précédent ne peut se faire au préjudice de tiers qui à défaut d'état ou d'autre titre authentique auraient contracté avec le mari comme administrateur de la communauté, sauf à la femme son recours sur la portion de la communauté afférente au mari et même sur des biens personnels. »

Ainsi à défaut de cette preuve par acte authentique la femme pourrait faire ses justifications par les modes de preuves du droit commun à l'encontre du mari et se faire payer la valeur de ses reprises. S'il s'agit de reprises entre époux, l'article 1445 permet tous les moyens de preuve du droit commun, lorsque les époux exercent un droit de propriété.

Quant aux meubles échus au cours du mariage à la femme, si la loi italienne ne va pas jusqu'à autoriser comme notre article 1504 la preuve par commune renommée, elle lui donne cependant les facilités de la preuve testimoniale. Mais lorsque la reprise a lieu, non en nature, mais en valeur, en vertu d'un droit de créance, la femme peut prouver par notoriété le montant des droits qu'elle exerce (1).

---

1. Art. 1445. « Dans le partage de la communauté, les époux ou leurs héritiers et même en cas de renonciation ou d'acceptation sous bénéfice d'inventaire, la femme ou ses héritiers peuvent toujours nonobstant les dispositions de l'art. 1437, prélever les objets mobiliers qu'ils peuvent prouver, par tous les moyens autorisés par la loi, leur avoir appartenu avant la communauté ou leur être dévolus pendant sa durée à titre de succession ou de donation.

La femme ou ses enfants héritiers peuvent se servir de la preuve testimoniale lorsqu'il s'agit de choses qui leur sont parvenues à titre de donation ou succession, quelle qu'en soit la valeur.

La femme ou ses héritiers peuvent aussi répéter la valeur des objets mobiliers appartenant à la femme et exclus de la communauté mais qui ne se trouveraient plus en nature au moment du partage et dans ce cas ils peuvent prouver même par notoriété la valeur desdites choses ».

Le Code civil italien a donc adopté en matière de preuve des reprises la distinction consacrée par la juris-prudence française suivant que la reprise se fait entre époux ou à l'encontre des créanciers.

ESPAGNE.

Le nouveau Code civil espagnol, tel qu'il a été édicté, après les dernières revisions, par la loi du 24 juillet 1889 laisse aux époux une entière liberté pour le choix de leur régime matrimonial ; mais il déclare qu'à défaut de contrat sur les biens on considèrera le mariage comme contracté sous la communauté d'acquêts. Tous les biens appartenant aux époux au moment du mariage et ceux qui leur échoient pendant le cours de leur union leur resteront propres. Comme ils sont soumis au droit de jouissance et d'administration du mari, l'art. 1407 déclare qu'on considère comme acquêts tous les biens du ménage, du moment qu'on ne prouve pas qu'ils sont des propres du mari ou de la femme. « On ne pouvait dire mieux ni plus clairement en moins de mots. Le code établit ici une présomption légale d'après laquelle sont réputés acquêts tous les biens matrimoniaux à moins qu'on ne justifie du contraire. C'est là une règle absolue, morale, équitable, c'est la conséquence logique des principes inscrits dans l'art. 1315 du même code. Ce précepte est aussi digne d'éloges que l'art. 1406 qui le précède est blâmable. La sublimité de la pensée qui est exprimée par l'article qui nous occupe, les résultats de son observance fidèle lui donneront une valeur incommensurable, une perpétuité éternelle (1). »

Mais en ce qui concerne la preuve, le code espagnol ne vient apporter en cette matière aucune dérogation aux règles ordinaires. C'est donc au droit général qu'elle restera soumise et cela est très légitime puisqu'il n'y a pas de contrat.

Au contraire lorsque les époux dressent cet acte, il semble bien que la preuve des propres ne peut s'établir que par un titre authentique. Cela résulte de l'art. 1439 qui déclare que « lorsque cesse la séparation de biens par la réconciliation des époux séparés de corps ou lorsque la cause de cette séparation a disparu, les biens du ménage seront soumis aux mêmes règles qu'avant la séparation sans préjudice de ce qui aurait été fait pendant sa durée. Au moment de leur réunion les époux feront constater par acte public les biens qu'ils apportent à nouveau et qui constituent les propres de chacun d'eux ». C'est donc bien la preuve que la justification de la qualité ces propres ne peut résulter lorsqu'il y a un contrat que de leur énumération et de leur description dans un acte authentique. C'est du reste l'opinion des commentateurs du nouveau code espagnol : « Une des raisons, dit Bonel, pour lesquelles le contrat doit être authentique, c'est qu'il doit déterminer les biens que chacun des époux apporte au moment du mariage ; cela a une grande importance parce que s'il n'était pas rédigé de cette façon, les époux pour-

---

1. *Codigo civil espanol comentado*, par D. Léon Bonel y Sanchez, éd. de 1891, t. IV, sur l'art. 1407.

raient faire porter leur prétention sur les biens acquis durant le mariage et reprendre ainsi plus qu'ils n'ont apporté (1) ».

Il y a cependant une hypothèse où le code espagnol fait exception à cette exigence de l'énumération des apports dans un contrat authentique, elle est prévue par l'art. 1324.

Ce texte, en effet, déclare que toutes les fois que les biens apportés par les époux ne sont pas des immeubles et que le total de l'apport du mari et de celui de la femme n'excède pas 2.500 *pesetas* et qu'il n'y a pas de notaire dans la commune de leur résidence les conventions pourront être arrêtées devant le secrétaire de l'*Ayuntamiento* (conseil de la ville) et de deux témoins qui constateront, sous leur responsabilité, s'il y a lieu, l'apport de la délivrance des biens indiqués.

PORTUGAL.

Le mariage selon la coutume du royaume. — Le Code civil portugais de 1867 a adopté, sous l'inspiration de traditions nationales, la communauté universelle comme régime légal. Le régime dotal par l'influence romaine s'était sans doute généralisé en Portugal, mais déjà vers le xii° siècle, l'usage de stipuler dans un contrat la communauté universelle avait commencé à se répandre, si bien que vers le xv° siècle les Ordonnances d'Alphonse V le

1. D. Léon Bonel y Sanchez, sur l'art. 1321.

consacraient comme régime de droit commun (1). Il fut maintenu comme tel dans les ordonnances Philippines de 1603. Il était donc conforme aux mœurs et aux usages traditionnels, lors de la rédaction du code de 1867 de décider, qu'à défaut de convention spéciale les époux seraient censés vouloir adopter le régime de communauté universelle. C'est le mariage selon la coutume du royaume, *casamento o costume de reino*, (art. 1108).

Sous ce régime tous les biens présents et futurs des époux deviennent communs. Donc, en principe, les époux n'auront rien à reprendre et il n'aura qu'à partager la masse commune.

Toutefois la loi réserve à chaque époux quelques biens qui sont exclus de la communauté et qui pourront être repris avant tout partage ; ils sont désignés par l'art. 1109 : ce sont les fonds emphytéotiques de libre disposition, les biens donnés ou légués sous condition qu'ils ne tombent pas en communauté, les biens recueillis par l'un des parents devenu veuf dans la succession d'un enfant de premier lit, s'il existe des frères de cet enfant décédé, les deux tiers des biens de l'époux qui convole en secondes noces ou des biens par lui recueillis dans la succession de ses parents lorsque l'époux a des enfants du premier lit, enfin les vêtements à l'usage personnel des époux, les bijoux donnés par l'un des conjoints avant le mariage.

Durant le cours de l'union, le mari comme chef de la communauté a l'administration de tous les biens du mariage y compris les propres ou plutôt, comme disent les

1. Levy Maria Jordao, *Le régime de la Communauté. Revue historique du droit français et étranger*, 1858.

auteurs portugais, les époux ont la co-possession de cette masse (1) : il en résulte donc d'après les principes généraux une présomption de propriété en faveur du possesseur, c'est-à-dire de la communauté (art. 477).

Si donc, à la dissolution du mariage, outre les biens communs, il y en a encore qui ont la qualité de propres les époux auront à prélever en nature cette catégorie de biens personnels ou encore à en reprendre la valeur.

En ce qui touche à leur égard la question de preuve, le code portugais garde le silence ; il les laisse donc purement et simplement sous l'empire du droit commun. C'est là une solution nécessaire et équitable puisqu'il n'y a pas de contrat et que les époux n'avaient pas la facilité d'en constater l'identité ou la consistance par un acte écrit. Le seul reproche que l'on pourrait faire au code portugais, c'est de ne pas avoir admis, au moins pour les biens propres échus à la femme pendant le mariage, un système de preuve analogue à celui de notre art. 1504 en vue de lui en faciliter la reprise.

C'est surtout, en effet, aux intérêts des tiers que le législateur portugais paraît avoir voulu accorder sa protection et cette préoccupation apparaît encore plus nettement dans les dispositions relatives aux régimes conventionnels.

Le code de 1867 a en effet proclamé pour les époux la liberté d'adopter tel régime qui leur convient et il a cru bon d'organiser les régimes conventionnels types sur lesquels porte le plus souvent le choix des époux.

1. Levy Maria Jordao, *ibid.*

Communauté d'acquêts et séparation de biens. — Il y a d'abord la communauté réduite aux acquêts et la séparation de biens qui font l'objet des règles assez analogues à celles du droit français.

Mais quant à la question de preuve des propres la loi portugaise, si elle est plus nette et plus claire que notre article 1499 pose des règles bien rigoureuses pour la femme.

Voyons d'abord les justifications qui doivent être faites en ce qui concerne les biens présents. Les époux, d'après l'article 1131, qui se marient sous le régime de la simple communauté d'acquêts ou de la séparation de biens, doivent faire, avant le mariage, par contrat de mariage ou par un autre écrit ou acte public, inventaire des biens qu'ils apportent, faute de quoi ces biens seraient considérés comme acquêts. Cette disposition est donc absolument impérative et elle ne permet pas aux époux, à titre subsidiaire l'emploi des autres modes de preuve du droit commun ; à défaut du titre authentique la présomption de propriété en faveur de la communauté est absolue.

Ce n'est pas tout. Lorsqu'il s'agit de biens échus pendant le mariage non-seulement la formalité de l'acte authentique est encore nécessaire, mais elle doit intervenir dans un délai de six mois à compter du jour où l'époux héritier a pris possession des biens héréditaires (art. 1131 § unique). « Avec raison, dit M. Ferreira, le code ordonne l'inventaire, en outre des biens antérieurs au mariage, de ceux acquis à titre gratuit pendant le mariage, afin de bien fixer l'identité de ces biens propres aux époux, sinon ils seront considérés comme communs et soumis aux règles générales de la communauté, parce que la description est l'unique moyen d'éviter la confusion et de faire disparaître tout doute sur la qualité de ces biens » (1).

En matière de communauté d'acquêts, lorsqu'il s'agit de biens présents l'exigence de l'inventaire ou de l'acte authentique peut, à la rigueur, se comprendre puisque les époux ont rédigé un contrat et qu'ils ont ainsi eu toute facilité pour dresser l'état de leur mobilier. Mais n'est-ce pas sacrifier entièrement les droits de la femme aux intérêts des tiers, que de lui imposer encore lorsque sa prétention porte sur des meubles échus pendant le mariage, le même système de preuves rigoureuses, aggravé encore par l'obligation de dresser l'inventaire dans un délai de six mois ?

Le code portugais a en effet maintenu l'incapacité de la femme et celle-ci sera entièrement à la discrétion du mari lorsqu'il s'agira de constituer la preuve de ses meubles à venir.

On peut trouver étrange qu'une législation qui s'est parfois montrée si soucieuse des intérêts de la femme, qui l'a associée au mari pour l'administration des biens de communauté, n'ait édicté aucune mesure protectrice en vue de sauvegarder ses droits et de lui assurer la reprise de ses biens échus pendant le cours du mariage.

Il y a une autre observation à faire. C'est que l'art.

1. *Codigo civil portuguez annotado por* José Diaz Ferreira, 2ᵉ éd. 1896, sur l'art. 1131.

1131 impose l'inventaire, non seulement au cas de communauté d'acquêts, mais encore lorsque les époux sont mariés sous le régime de séparation de biens. Or ici, chacun d'eux conserve l'administration de son patrimoine, aucune confusion ne se produit donc entre les fortunes respectives et par suite s'il y a une présomption de propriété, elle ne peut être qu'au profit de l'époux propriétaire qui en a gardé la possession. Il était donc inutile d'exiger la rédaction d'un inventaire. Ces solutions ne pouvant s'expliquer que par la crainte de fraude des époux vis-à-vis de leurs créanciers on a voulu délimiter nettement, par un acte, les patrimoines personnels, de telle sorte qu'il soit impossible à la femme de reprendre certains biens ou de s'opposer à la saisie de certains objets appartenant en fait au mari dont elle se prétendrait propriétaire et réciproquement.

En second lieu, l'art. 1131 déclare qu'à défaut de cet acte, les biens seront réputés communs. C'est parfait en matière de communauté, car le mari administre et possède au nom de la communauté ; mais dans leur régime de séparation de biens, la présomption ne pourrait naître qu'au profit de l'époux qui serait possesseur, du mari ou de la femme, puisqu'il n'y a pas de communauté. Cette présomption ne peut donc juridiquement s'expliquer. Il faut y voir simplement une atténuation à la rigueur de la loi : si l'acte authentique n'a pas été dressé la femme pourra toujours reprendre la moitié de ses biens personnels.

Régime dotal. — Les mêmes observations doivent être faite en celui concerne les règles relatives, sous le régime dotal, à la consistance des biens dotaux.

« Le principe fondamental contenu dans les art. 1137 et 1138 est que, sous le régime dotal comme dans la séparation de biens et dans la communauté d'acquêts, il faut pour les biens personnels et dotaux un acte authentique, afin d'éviter les connivences frauduleuses des époux, contre les créanciers du mari (1) ». Pour bien comprendre le système de preuve admis ici par la loi, il faut distinguer entre les biens présents liquides ou non liquides et les biens futurs.

Pour les biens présents liquides il faut qu'ils soient inventoriés, spécifiés dans le contrat ou dans un autre acte public avant la célébration du mariage. Si la dot consiste en biens non liquides, les titres en vertu desquels ces biens appartiennent à la femme doivent être mentionnés dans le contrat et ces biens seront spécifiés à la à la liquidation. De plus si la dot se compose des biens meubles la valeur devra en être déterminée dans le contrat de constitution. A défaut de ces formalités, ces biens seraient encore ici considérés comme communs.

Les biens qui échoient au cours du mariage sous les régimes de communauté d'acquêts et de séparation de biens, doivent être également décrits dans un acte authentique. Mais sous le régime dotal ils peuvent être spécifiés en un document quelconque qui fasse preuve et il n'est pas besoin de document public parce que le § unique de l'art. 1137 n'exige pas un acte authentique pour l'énumération et la description des biens dotaux futurs.

1. Ferreira, 1ᵉʳ édit, 1874, sur l'art. 1137.

Certains auteurs, nous dit M. Ferreira, (1) n'exigent pas non plus, sous le régime dotal l'inventaire des biens personnels qu'il s'agisse du mari ou de la femme. Mais son avis est que, comme sous la séparation de biens, ces biens doivent être décrits dans un acte authentique qui en donne l'énumération et en détermine l'identité.

A côté de la preuve de la consistance, la femme a une seconde justification à faire: celle de la réception de la dot par le mari. Comme en droit français, elle est laissée sous l'empire des principes généraux en matière de preuves ; elle résultera donc ordinairement de la production d'une quittance du mari.

Le législateur avait en cette matière encore redouté la fraude des époux et le projet primitif du code portugais contenait une disposition ainsi conçue : « Les fraudes et simulations en matière de constitution de dot ou de paiement au mari seront punies, sans préjudice des dommages et intérêts, des peines édictées par l'article 450 du Code pénal ». Ce texte a été supprimé par la commission de revision comme inutile étant donné que l'article 1030 permet la rescision des actes passés au préjudice des tiers et qu'il existe dans la législation pénale des sanctions contre les actes simulés (2).

Ajoutons enfin que le code portugais a admis lui aussi que si le mariage a duré dix ans depuis l'échéance des termes pris pour le paiement de la dot, la femme ou ses héritiers pourront la répéter contre le mari sans être te-

1. Ferreira, sur l'art. 1137.
2. Ferreira, *ibid.*

nus de prouver qu'il l'a effectivement reçue, à moins que celui-ci ne justifie de diligences inutilement faites pour s'en procurer le paiement.

Vu : le président de la thèse,

SALEILLES

Vu : le Doyen,

GLASSON

Vu et permis d'imprimer :
Le Vice-recteur de l'Académie de Paris,

GRÉARD

BIBLIOGRAPHIE

Accarias. — Précis de droit romain. 1879.

Accollas. — Le contrat de mariage, 1888.

Argou. — Institution au droit français, 1731.

Auzanet. — Œuvres, 1708.

Aubry et Rau. — Cours de droit civil français, 1869.

Bartin. — Des contre-lettres. Thèse, 1885.

Bacquet. — Œuvres augmentées de plusieurs questions par
    Ferrière, 1744.

Baudry-Lacantinerie, Lecourtois et Surville. — Traité théorique et pratique du contrat de mariage,
    1897.

Bonel y Sanchez. — Codigo civil español comentado,
    Madrid, 1891.

Beaumanoir. — Coutumes de Beauvoisis, nouvelle édit. par
    le comte de Beugnot, Paris, 1842.

Bourjon. — Le droit commun et la coutume de Paris, réduite en principes, 1770.

Boyer. — De la preuve en matière de reprises matrimoniales, thèse, Toulouse, 1889.

Bravard et Demangeat. — Traité de droit commercial,
    1890-92.

Bressolles. — La femme du commerçant, thèse, Toulouse,
    1887.

Bufnoir. — V. Note Sirey, 1885-2-25.

Delboy. — De la preuve en matière de reprises matrimoniales, thèse, 1890.

Colmet de Santerre. — Droit civil, 1884.

Denisard. — Collection des décisions nouvelles et de notes
relatives à la Jurisprudence, 1771.

Domat. — Les lois civiles dans leur ordre naturel, 1777.

Dunod. — Observations sur la Coutume de Bourgogne
1756.

Ferreira José Diaz. — Codigo civil portuguez annotado.
Lisbonne, 1re éd. 1874, 2e éd. 1896.

Guillouard. — Traité de contrat de mariage, 1888.

Huc et Orsier. — Le Code civil italien et le Code Napo-
léon, 1868.

Haussonville (comte d'). — Salaires et misères de
femmes.

Jousset. — De la confusion du mobilier, (Revue critique de
la législation et de jurisprudence, 1864).

Ingelbrecht. — Le féminisme et la femme témoin (Revue
politique et parlementaire 1900).

Labbé. — Note Sirey, 1876-1-5.

Lamoignon. — Recueil des arrêtés, 1777.

Laneyrie et Dubois. — Le code civil portugais, 1896.

Laurent. — Précis de droit civil, 1878.

Lebrun. — Traité de la commmunauté, 1754.

Levé. — Code civil espagnol traduit et annoté, 1890.

Lyon-Caen et Renault. — Précis de droit commercial,
1898.

Manau. — Rapport à la Cour de Cassation (ch. civ.) Gaz.
Pal. 15 et 16 avril, 1887.

Maynard. — Notables et singulières questions de droit écrit jugées au Parlement de Toulouse, 1851.

Merlin. — Répertoire de Jurisprudence, 1827.

Meulenaere. — Le code civil allemand et la loi d'introduction, 1897.

Massigli. — Examen doctrinal, jurisprudence civile (Revue critique de législation et de jurisprudence) 1888.

Olivier. — De la preuve en matière de reprises matrimoniales, thèse, 1889.

Pellat. — Textes sur la dot, 1847.

Petiet. — De la preuve en matière de reprises matrimoniales, *France Judiciaire*, 1885-1886, p. 50.

Planck. — Burgerliches Gesetzbuch nebst Einfuhrungsgesetz, Berlin, 1898.

Pothier. — Œuvres annotées par M. Bugnet, 1845.

Poullain du Parc. — Précis de droit civil français, 1767-1770.

Renouard. — Traité des faillites et banqueroutes, 1844.

Renusson. — Traité de propres., 1730.

Revue du Notariat et de l'Enregistrement.

Rodière et Pont. — Traité du contrat de mariage, 1869.

Sincholle. — Fausse présomption, (Revue critique de législation et de jurisprudence), 1864.

Salviat. — Jurisprudence du Parlement de Bordeaux, 1787.

Toullier. — Droit civil français, 1830.

Troplong. — Du contrat de mariage, 1850.

Valin. — Nouveau commentaire de la coutume de La Rochelle.

TABLE DES MATIÈRES

MARCHAL et BILLLARD, imprimeurs-éditeurs, rue Soufflot, 7. Paris.

9 782014 453201